# 典　籍

文化瑰宝编委会　编著

中国大百科全书出版社

## 图书在版编目（CIP）数据

典籍 / 文化瑰宝编委会编著. -- 北京 ：中国大百科全书出版社，2025. 1. --（文化瑰宝）. -- ISBN 978-7-5202-1721-7

Ⅰ . Z835-49

中国国家版本馆 CIP 数据核字第 2025CY3801 号

总 策 划：刘　杭　　郭继艳
策划编辑：杜东凯
责任编辑：杜东凯
责任校对：闵　娇
责任印制：王亚青
出版发行：中国大百科全书出版社有限公司
地　　址：北京市西城区阜成门北大街 17 号
邮政编码：100037
电　　话：010-88390811
网　　址：http://www.ecph.com.cn
印　　刷：唐山富达印务有限公司
开　　本：710mm×1000mm　1/16
印　　张：10
字　　数：100 千字
版　　次：2025 年 1 月第 1 版
印　　次：2025 年 1 月第 1 次印刷
书　　号：ISBN 978-7-5202-1721-7
定　　价：48.00 元

# —— 总　序

这是一套面向大众、根植于《中国大百科全书》第三版（以下简称百科三版）的百科通俗读物。

百科全书是概要记述人类一切门类知识或某一门类知识的完备的工具书。它的主要作用是供人们随时查检需要的知识和事实资料，还具有扩大读者知识视野和帮助人们系统求知的教育作用，常被誉为"没有围墙的大学"。简而言之，它是回答问题的书，是扩展知识的书。

中国大百科全书出版社从 1978 年起，陆续编纂出版了《中国大百科全书》第一版、第二版和第三版。这是我国科学文化建设的一项重要基础性、标志性、创新性工程，是在百年未有之大变局和中华民族伟大复兴全局的大背景下，提升我国文化软实力、提高中华文化国际影响力的 项重要举措，具有重大的现实意义和深远的历史意义。

百科三版的编纂工作经国务院立项，得到国家各有关部门、全国科学文化研究机构、学术团体、高等院校的大力支持，专家、学者 5 万余人参与编纂，代表了各学科最高的专业水平。专家、作者和编辑人员殚精竭虑，按照习近平总书记的要求，努力将百科三版建设成有中国特色、有国际影响力的权威知识宝库。截至 2023 年底，百科三版通过网站（www.zgbk.com）发布了 50 余万个网络版条目，并陆续出版了一批纸质版学科卷百科全书，将中国的百科全书事业推向了一个新的高度。

重文修武，耕读传家，是我们中国人悠久的文化传承。作为出版人，我们以传播科学文化知识为己任，希望通过出版更多优秀的出版物来落实总书记的要求——推动文化繁荣、建设中华民族现代文明，努力建设中国式现代化强国。

为了更好地向大众普及科学文化知识，我们从《中国大百科全书》第三版中选取一些条目，通过"人居环境""科学通识""地球知识""工艺美术""动物百科""植物百科""渔猎文明""交通百科"等主题结集成册，精心策划了这套大众版图书。其中每一个主题包含不同数量的分册，不仅保持条目的科学性、知识性、准确性、严谨性，而且具备趣味性、可读性，语言风格和内容深度上更适合非专业读者，希望读者在领略丰富多彩的各领域知识之时，也能了解到书中展示的科学的知识体系。

衷心希望广大读者喜爱这套丛书，并敬请对书中不足之处给予批评指正！

《中国大百科全书》编辑部

# "文化瑰宝"丛书序

在浩瀚的历史长河中，中华文化犹如一颗璀璨的明珠，熠熠生辉，照亮了人类文明的天空。从《诗经》《楚辞》到四大名著，从丝竹之音到青铜乐器，从华夏衣冠到山水画卷，中华文化以其丰富多彩、博大精深的特质，吸引着世界的目光，成为世界文明史中重要的瑰宝。

为了全面、系统地展示中华文化瑰宝，让读者更好地领略其深厚底蕴与独特韵味，编委会依托《中国大百科全书》第三版中国文学、哲学、中国历史、设计学、音乐学、文物学、考古学、美术学等学科内容，组织策划了"文化瑰宝"丛书，编为《典籍》《民族服饰》《乐器》《青铜器》《画作》等分册，图文并茂地介绍了相关知识。

《典籍》分册带领读者走进中国古典文献的殿堂，领略古代先贤的智慧与思想。内容涉及儒家经典、道家经典、史书、诗集、戏曲、小说、农学、地理等，种类多元，展现了中国古人的思想观念、历史发展、生活方式等。

《民族服饰》分册详细介绍了中国56个民族的服饰种类（男装、女装的不同，不同年龄阶段的服饰等）、服饰色彩和服饰纹样，让读者能够直观了解各个民族服饰的特点。同时，通过服饰的样式和发展过程，从侧面展现了中华各民族服饰文化的传播交流、融合发展和兼收并蓄。

《乐器》分册介绍了体鸣乐器、膜鸣乐器、气鸣乐器、弦鸣乐器四大类乐器，包括中国古代乐器、中国弹拨乐器、中国打弦乐器、中国拉弦乐器、中国吹奏乐器、中国打击乐器，从历史、构造、种类、演奏技法、曲目等角度深入浅出地普及乐器文化知识。

《青铜器》分册梳理了青铜器的历史发展脉络，介绍和展现了当前留存的青铜礼器、青铜乐器等稀世珍品，并介绍了青铜器的制作工艺。透过一件件青铜珍宝，再现古人的劳动智慧和高超技艺。

《画作》分册主要介绍了画作种类、秦汉魏晋南北朝绘画、隋唐绘画、五代绘画、宋辽金绘画、元代绘画、明代绘画、清代绘画、近现代绘画。分析了经典画作的艺术风格和技法特点，全面梳理了中国绘画的辉煌历程，是一部跨越千年的中国绘画艺术史。

"文化瑰宝"丛书的出版，不仅是对中华文化的一次梳理与展示，更是对中华民族精神的一次深刻诠释与弘扬。我们希望通过这套丛书，能够让更多的读者了解中华文明，从而传承与发扬这份宝贵的文化遗产。因受篇幅限制，仅收录了相对常见或具有代表性的类别。未来，我们将继续致力于中华文化的挖掘与传播工作，不断推出更多优秀的文化产品，为弘扬中华民族优秀传统文化贡献我们的力量。

文化瑰宝丛书编委会

# 目　录

## 第 **2** 章　历史类　25

## 第 **3** 章　文学类　61

# 第4章 科技类 113

# 第1章 哲学思想类

## 儒家经典

### 《论语》

《论语》是中国古代思想家孔子的门人记录孔子言行的书。其中，间有孔子弟子的话。成书于战国初期。内容相当广泛，多半涉及人类社会生活问题，例如，如何立身行事，如何处理人与人之间、个人与社会之间的关系等。汉代人将该书多作为传，宋以后列为经。"五四"新文化运动之前，一直是中国的初学必读书，流传很广，对中华民族的心理素质和精神面貌有很大影响。

《论语》传至西汉，有3种本子：①《鲁论语》，20篇；②《齐论语》，22篇，比《鲁论语》多《问王》《知道》两篇，其他20篇的章句颇多于《鲁论语》；③《古论语》，出于孔壁，21篇，有两篇《子张》，篇次与《齐论语》《鲁论语》不同。成帝时，张禹本授《鲁论语》，并讲《齐论语》，称《张侯论》。至东汉末，郑玄就《鲁论语》篇章参考《齐论语》《古论语》，为之作注，成为后世的流传本。后人为《论语》做注释的很多，主要有三国时期何晏的《论语集解》、南朝皇侃的《论

语义疏》、北宋邢昺的《论语注疏》、
南宋朱熹的《论语章句集注》等。中华
书局 1980 年再版了杨伯峻的《论语译
注》，颇便参考。

《论语》主张"祭祀"鬼神，但却
不语神。《先进》篇记载：弟子问"事

《论语》明刻本

鬼神"，孔子说："未能事人，焉能事鬼。"《论语》不止一次说过"知
天命"。但又说："死生有命，富贵在天。"关于"天命"，《论语》
里没有正式说明。后代学者作了不同理解，或说是至上人格神的意旨，
或说天指自然，命指自然之必然性。《论语》不少地方涉及认识论问题。
《述而》《为政》等篇记载孔子话说："盖有不知而作之者，我无是也。"
"我非生而知之者，好古，敏以求之者也。""多闻阙疑，慎言其余，
则寡尤；多见阙殆，慎行其余，则寡悔。"《子罕》篇记载"子绝四：
毋意、毋必、毋固、毋我"。认为知识源于经验和学习，因此，行事要
避免主观臆断。《论语》中包含不少辩证法思想。书中记载，孔子对问
孝、问仁、问政等，都针对不同的对象作不同的回答，避免一概而论。
又说："可与言而不与之言，失人；不可与言而与之言，失言。""学
而不思则罔，思而不学则殆。""过犹不及"，注意到了同一事物中两
个侧面之间的联系，力求避免偏向。伦理思想在《论语》中占有重要的
地位，并形成了完整的体系。这个体系的核心是"仁"。忠恕是实行仁
的方法，礼是贯彻仁的具体措施和目的。《里仁》篇记载，孔子说："吾
道一以贯之。"孔子的弟子曾子解释说："夫子之道，忠恕而已矣。""颜

渊问仁，子曰：'克己复礼为仁'。""颜渊曰：'请问其目。'子曰：
'非礼勿视，非礼勿听，非礼勿言，非礼勿动。'"论语所说的"仁"，
基本含义是"爱人"；提倡爱人是为了维护君君、臣臣、父父、子子的
伦理关系，以保持稳定的社会秩序。

## 《孟子》

《孟子》是中国战国时期孟子的言论汇编。由孟子与其弟子共同编
纂而成，约成书于战国中期。据《史记·孟子荀卿列传》记载，孟子周
游列国，上说下教，但其政治学说始
终未能得到实施，于是回到邹地与弟
子万章等人整理《诗经》《尚书》，
阐发孔子思想，编为《孟子》。《孟
子》全书现存 7 篇，体裁与《论语》
大致相似。每篇分上下，以开头义字
作篇名。《汉书·艺文志》著录《孟
子》11 篇，除 7 篇外，尚有外书 4 篇。

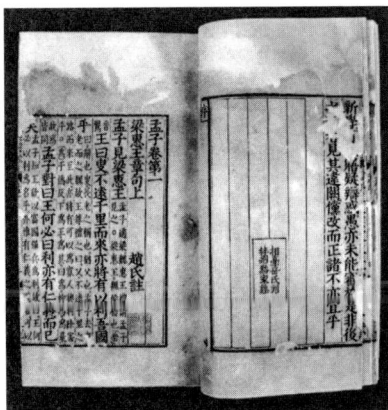

《孟子》书影（清代刻本）

东汉经学家赵岐认为，外书似非《孟子》真本，为后世依托而为。

《孟子》在汉初一度列入传记博士，在《汉书·艺文志》列于诸子
略。在《隋书·经籍志》《旧唐书·经籍志》和《新唐书·艺文志》中
均列于子部，地位在经书之下。韩愈把孟子看作儒家"道统"的真正继
承者，认为"道统"因孟子之死而不得其传，《孟子》的地位才开始提
高。北宋时，《孟子》上升为经，被列于"九经"。南宋朱熹把《孟子》

与《论语》《大学》《中庸》合在一起，并称"四书"，编为《四书章句集注》。《孟子》的经典地位才真正确立。元、明、清三代定"四书"为科举考试的科目，《孟子》成为学者必读之书。现存《孟子》最早的注本为东汉赵岐的《孟子注》，其他重要的版本有南宋朱熹的《孟子集注》和清代焦循的《孟子正义》。

《孟子》一书作为孟子主要言行的汇编，集中反映了他作为先秦儒家主要代表的基本思想，是中国思想史和儒学史上重要的典籍，在历史上有极大的影响。

## 《大学》

《大学》是中国古代儒家经典《小戴礼记》中的一篇。宋代司马光撰《大学广义》，为其单行本之始。程颢、程颐各有《改正大学》。朱熹在二程改编的基础上继续加工，分为"经""传"，作成章句，通过注释阐发己意，并将它和《论语》《孟子》《中庸》合编为四书，在中国古代社会影响极大。朱熹认为其中"经"是曾参记述孔子语，"传"是曾参门人记述曾参的话，但无明确根据。清初陈确曾著《大学辨》予以反驳，当代有学者认为是秦汉之际儒者所作；也有人认为是战国时期儒家的作品。

《大学》着重论述了个人道德修养与社会治乱的关系，以"明明德""亲民""止于至善"三纲领为修养目标。又提出实现三纲领的八个步骤，即"格物""致知""诚意""正心""修身""齐家""治国""平天下"。其中每一个都以前一个为先决条件，而"修身"是其中最根本的、具有决定意义的一步，前四个是"修身"的方法途径，后三个是"修身"的必然结果。从天子到庶人"皆以修身为本",每个社会成员特别是统治者道德修养的好坏决定着社会的治乱。《大学》明确肯定道德在社会生活中的作用,有其合理性。

## 《中庸》

《中庸》是中国儒家经典之一。《礼记》中的一篇。

关于《中庸》的作者暂无定论,旧说为孔子之孙子思著。南宋大儒朱熹将此篇与《大学》单独拿出,加上《论语》《孟子》合称"四书"。《中庸》以"天命之谓性,率性之谓道,修道之谓教"开篇,是儒家的宇宙观、方法论和道德教化的综合概述。郑玄说:"名曰'中庸'者,以其记中和之为用也。庸,用也。孔子之孙子思伋作之,以昭明圣祖之德。""中庸"是最高的道德准则。中,即不过也不要不及。智者、贤人在行动中经常"过之",而愚者、不肖之人则"不及",唯有"中庸"之道才是最高的德行,圣人可以做到。"中庸"是儒者道德修养的最高原则,"君子之中庸也,君子而时中"。"时中"即人在当前活动中使自己的存在合乎"道"。与此同时,《中庸》提出的核心观念"至诚",意指至诚之人才能治天下,并提出"博学之,审问之,慎思之,明辨之,笃行之"的具体学习与修养方法。

## 《周易》

《周易》是中国儒家典籍,六经之一。

"周易"一名,最早见载于春秋时期的典籍,《左传》中多次提

到"周易"。战国时，以解释《周易》为宗
旨的《易传》成书。《周易》《易传》并称为
《易》。西汉尊孔子儒家著作为"经"，《周
易》和《易传》被奉为经书之一。自此以后，
《周易》《易经》《易》混合使用，其实含义
一致，均指六十四卦及《易传》，一直沿用
至今。为方便起见，此处所言《易经》，专
指六十四卦及卦象爻辞，以区别于《易传》。

《周易》（明庄降刻本）

《易经》成书于何时，作于何人，迄无定论。《汉书·艺文志》提
出"人更三圣"说，认为伏羲氏画八卦；周文王演为六十四卦，作卦辞
和爻辞；孔子作传以解经。五四运动以后，史学界对传统说法提出怀疑，
认为卦和爻辞中讲到周文王以后的历史事件和历史人物，足证《易经》
非成书于一时一人之手，因此出现了周初说、春秋中期说和战国说等，
所据不一。其中以周初说影响最大。

《易经》六十四卦，分上、下两篇，上经三十卦，下经三十四卦。
每卦均由卦象、卦辞和爻辞组成。卦象指卦的图像，由阳爻和阴爻两种
爻象按每卦六画排列组合而成，共六十四种卦象。卦中六画的排列从下
到上，用初、二、三、四、五、上表示位序，阳爻称九，阴爻称六。解
说卦象的辞句称为卦辞，系于卦象之下；解说爻象的辞句称为爻辞，
系于爻象之下。《易经》六十四卦，卦辞六十四条，爻辞三百八十四
条，加上乾卦"用九"，坤卦"用六"，总称为筮辞，共四百五十条。
六十四卦的排列顺序，现传有两种本子：一是通行本，分上、下经，上

经始于乾卦，次为坤卦，下经终于未济卦；二是长沙马王堆汉墓出土的帛书本，首卦为乾，次卦为否，终于益卦。卦辞和爻辞的内容大致有三类：一是讲自然现象的变化，用来比拟人事，如大过卦九五爻辞说："枯杨生华，老妇得其士夫"；二是讲人事的得失，如渐卦九三爻辞说："夫征不复，妇孕不育，凶"；三是判断吉凶的辞句，如坤卦卦辞说："元亨，利牝马之贞"。据研究，卦爻辞反映了殷周之际及西周初期的社会生活。

《易经》虽属占书，但在其神秘的形式中蕴含着较深刻的理论思维和辩证观念。如它承认事物存在着对立面，承认对立事物的相互转化。《庄子·天下篇》将其概括为"易以道阴阳"。从《易经》中可以看出中国古代辩证思维的萌芽。

# 道家经典

## 《道德经》

《道德经》是道教主要经典。即《老子》，或称《老子五千文》。唐代尊为《道德真经》。原为先秦道家著作。据《史记》记载，作者为春秋时期周守藏室之史老子。河上公《老子章句》将其分为 81 章，前 37 章为道经，后 44 章为德经，故名《道德经》。1973 年湖南长沙马王堆三号汉墓出土的两种《老子》帛书写本，则皆德经在前，道经在后，文字亦略有差异。

《老子》是道家关于宇宙观、社会政治思想、人生处世和修养原则的哲理著作。它提出以"道"为天地万物的本原或法则的思想。从战国末年韩非起，历代注家不绝。文人学者探索玄理，帝王官吏从中寻求"人君南面之术"。唐玄宗亲自作注，列为诸经之首，颁行天下。对《老子》作宗教性的理解并加阐发，始于河上公《老子章句》。他把《老子》中的"生而不有"引申为"元气生万物"，提出"怀道抱一守五神"的修养方法，认为"人能抱一，使不离于身，则长存""人能养神则不死"。从而宣称"用道治国，则国富民昌，治身则寿命延长"。把老子思想作为治国修身、修炼成仙的理论依据。早期道教经典《太平经》，即上承《老子》兼有河上公《老子章句》思想，并糅合阴阳五行和巫觋杂语，构成庞大的道教理论体系。

东汉时，《道德经》已成为道教经典。传张陵作《老君道德经想尔训》，对《道德经》作通俗的解说，以教诲弟子。他把"道""一""虚无""自然""无名"视为同一，并将其神化为"太上老君"，把"道"说成是有喜怒好恶，能发号施令的最高主宰。《传授经戒仪注诀》还规定《老君道德经》《老君道德经河上公章句》《老君道德经想尔训》为必读经典。

据唐代道士杜光庭《道德真经广圣义》载，唐及唐以前道士以道教观点解释《道德经》的甚多。他列举以往诠疏笺注《道德经》的60家，多半为汉魏两晋至隋唐时期的道士。并分别比较考察，概括各家意向、宗旨的特点。指出"道德尊经包含众义，指归意趣，随有君宗。河上公、严君平皆明理国之道；松灵仙人、魏代孙登、梁朝陶隐居、南齐顾欢，皆明理身之道；符坚时罗什、后赵图澄、梁武帝、梁道士窦略皆明事理因果之道；梁朝道士孟智周、臧玄静，陈朝道士诸糅，隋朝道士刘进喜，唐朝道士成玄英、蔡子晃、黄玄赜、李荣、车玄弼、张惠超、黎元兴皆明重玄之道；何晏、钟会、杜元凯、王辅嗣、张嗣、羊祐（祜）、卢氏（卢裕）、刘仁会皆明虚极无为理家理国之道。此明注解之人意不同也。又诸家禀学立宗不同：严君平以虚玄为宗；顾欢以无为为宗；孟智周、臧玄静以道德为宗；梁武帝以非有非无为宗；孙登以重玄为宗。宗旨之中，孙氏为妙矣"。这种分析大致反映了各家注本的不同点。他所称许的"重玄为宗"，即孙登用"玄之又玄"的观点解释《道德经》的"重玄之道"。其后为道教学者陆续阐发，成为道教注解《道德经》的重要流派。杜光庭解"玄之又玄"云："夫摄迹忘名，已得其妙，于妙恐滞，故复忘之。是本迹俱忘，又忘此忘，吻合乎道。有欲既遣，无欲亦忘，不滞有无，不执中道，是契'都忘'之者尔。"杜光庭既赞美"不滞空有"的"重玄"之说，又指出"此经以自然为体，道德为用。修之者，于国则无为无事，自致太平；于身则抱一守中，自登道果。得之者，排空驾景，久视长生"。

　　宋明时期注《道德经》者亦众。自称"教主道君皇帝"的宋徽宗御解《道德真经》，称为"政和御注"。道士彭耜作《道德真经集注》列有宋代注者 20 家。明清以来，续有注本问世。古今总共近 200 种。现存于世者约 90 种，其中 50 余种收入《正统道藏》。《道德经》及其诸家注说对道教思想的发展，以及在中国文化思想史上，都具有一定意义。

# 《庄子》

《庄子》是中国战国时期哲学家庄子及其后学的著作。

现存33篇，分内、外、杂三个部分。《史记·老子韩非列传》记载：庄子"著书十余万言，大抵率寓言也。作《渔父》《盗跖》《胠箧》，以诋訾孔子之徒，以明老子之术。《畏累虚》《亢桑子》之属，皆空语无事实。"《汉书·艺文志》著录"《庄子》五十二篇"。据唐代陆德明《经典释文》所记，《庄子》一书，有司马彪注21卷，52篇，其中内篇7篇，外篇28篇，杂篇14篇，解说3篇；崔譔注10卷，27篇，其中内篇7篇，外篇20篇；向秀注20卷，27篇，其中内篇7篇，外篇20篇；郭象注33篇，其中内篇7篇，外篇15篇，杂篇11篇，即今传《庄子》之所本。郭象注《庄子》时，对该书有所删节。他说："一曲之才，妄窜奇说，若《阏奕》《意修》之首，《危言》《游凫》《子胥》之篇，凡诸巧杂，十分有三。"由此可知，大约有三分之一的篇章被郭象删去。陆德明说："《汉书·艺文志》，《庄子》五十二篇，即司马彪、孟氏所注是也。言多诡诞，或似《山海经》，或似占梦书，故注者以意去取。其内篇众家所同，其余或有外而无杂。唯子玄所注，特会庄生之旨，故为世所贵。"

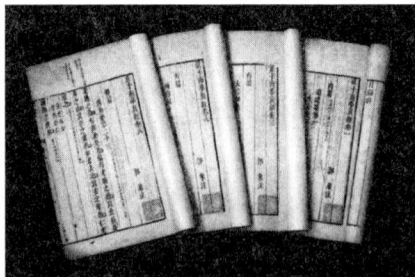

**郭象注的《庄子南华真经》（清刊本）**

从删节《庄子》可以看出，郭象并不相信该书全部为庄子本人的作品。宋代苏轼又怀疑《盗跖》《渔父》《让王》《说剑》非庄子所作。此后，不断有学者探讨这一问题。

明代焦竑说"内篇非庄子不能作，外篇、杂篇则后人窜入者多"，认为《胠箧》等篇是"秦末汉初之言"。明清之际王夫之认为内篇与外、杂篇的思想倾向不一致，因此内篇为庄子所著，外、杂篇出于庄子后学之手。近人王叔岷、马叙伦对陆德明所说"内篇众家并同其余或有外无杂"作了考释。王叔岷认为"内篇众家并同"，只是说各家都有内篇，至于内篇包括哪些篇章各家并不同。"今本内外杂篇之名实定于郭氏，则内篇未必尽可信，外、杂篇未必尽可疑。"马叙伦认为所谓"有外无杂"，只是说有些家只分内、外篇，不立杂篇名，并不是没有为郭象列入杂篇的那些篇目。当前学术界普遍的看法是：内篇为庄子所著，外、杂篇的思想与内篇不尽一致，可能掺杂了庄

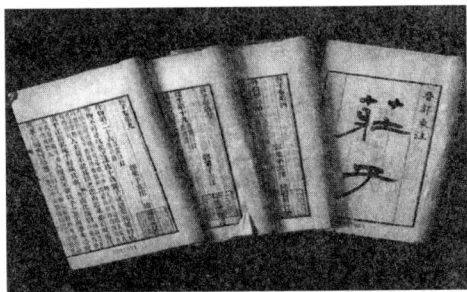

《庄子》（清光绪刊本）

子门人和后学以及道家其他派别的作品，但外、杂篇的某些篇章与内篇关系密切，也反映了庄子的思想。

《庄子》一书在汉代未被重视，到魏晋时期才产生重大影响，它和《周易》《老子》一起并称为"三玄"。唐天宝元年（742），诏号《庄子》为《南华真经》，《庄子》正式成为道教的经典之一。《庄子》的重要注释有晋郭象的《庄子注》、唐陆德明的《庄子释文》、唐成玄英的《庄子疏》等，清末郭庆藩的《庄子集释》包括郭象注、成玄英疏、陆德明释文，又吸收了清代学者关于《庄子》的文字考订成果，颇值得参考。今人陈鼓应《庄子今注今译》影响颇大。

## 《列子》

《列子》为中国道家典籍。传战国列御寇著。列御寇即列子，早于庄子，《庄子》提到"列子御风而行"等故事。《吕氏春秋》云"列子贵虚"。《汉书·艺文志》著录《列子》8篇，早佚。学术界一般认为，今本《列子》8篇由晋人张湛编纂而成。书中抄录一些先秦材料，但从思想内容看是反映魏晋思潮的作品。此书真伪从唐柳宗元到近人梁启超、马叙伦等均有辩证，其中以马氏《列子伪书考》论证最为精当。《列子》内多为民间故事、寓言和神话传说，以不生不化为根本。唐天宝元年（742）诏号《列子》为《冲虚真经》，成为道教经典。宋景德中又尊为《冲虚至德真经》。注本有张湛《列子注》、今人杨伯峻《列子集释》等。

## 《淮南子》

《淮南子》是中国西汉初年杂家著作。又称《鸿烈》《淮南》。汉淮南王刘安与门客集体编著。刘安（公元前179～前122年），汉高祖之孙，父为刘长。好读书鼓琴，不喜田猎嬉戏，广行德政，拊循百姓，以求流誉天下，天下方术之士多归附。为人辨达，善为文辞，曾奉命作《离骚传》，旦受命，日食时即成。与宾客苏飞、李尚、左吴、田由、雷被、毛被、伍被、晋昌及大山、小山等儒士共同著书。作《内书》21篇、《外书》33篇，又有《中篇》8卷，言神仙黄白之术。《外书》《中篇》已佚，《内书》21篇，即今存《淮南子》。汉武帝建元二年（前139），刘安入朝将此书进献给汉武帝。本名《鸿烈》，经西汉刘向校定后称

《淮南》，《隋书·经籍志》始称《淮南子》。

汉初吴楚之乱平定之后，如何巩固统治，成为当时的政治议题，许多思想家力图建立新的思想体系，《淮南子》即为刘安理想中的治国之道。此书包罗万象，物事之类无所不载，天地自然之道、古今治乱存亡祸福之理言之甚明。此即刘安的"帝王之道"。

《汉书·艺文志》著录《淮南子》列为杂家，历代无异说。博采众长，囊括百家，总结诸子之说，构建新体系，成一家之言。综观全书，其中虽然夹杂孔丘、墨翟、申不害、韩非的思想，但正如高诱所说，"其旨近《老子》，淡泊无为，蹈虚守静"（刘文典《淮南鸿烈集解》），是汉初黄老无为思想的继续。

由于《淮南子》出于众手，材料来源亦颇庞杂，多旧有材料的重新组合，文体与《吕氏春秋》相近。全书结构清晰，各篇安排井然有序，文风不拘一格，有想象瑰奇者，有恣肆放达者，有说埋审慎者，有精良美好者。《淮南子》保存了中国不少古代神话传说和史料，其中如女娲补天、后羿射日、姮（嫦）娥奔月、夏禹治水等，或仅

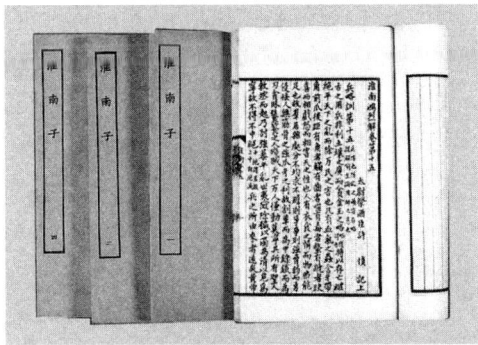

《四部丛刊》本《淮南子》

见于本书，或可与他书参证，常为研究者所引用。梁启超认为"《淮南鸿烈》为西汉道家言之渊府，其书博大而有条贯，汉人著述中第一流也"（《中国近三百年学术史》）。

通行本甚多，以清代庄逵吉校本较为精善。有东汉高诱注，今存；许慎注，有辑本。近人刘文典《淮南鸿烈集解》，辑集高、许旧注，并吸收清代学者的研究成果做了补正，中华书局 1989 年版。另有张双棣《淮南子校释》，北京大学 1997 年版；何宁《淮南子集释》，中华书局 1998 年版。

# 其他经典

## 《墨子》

《墨子》是中国战国时期墨家学派的著作总集。

《汉书·艺文志》记载，《墨子》原有 71 篇，而流传至今的仅 15 卷 53 篇，佚失 18 篇。学术界一般认为是由墨子的弟子及其后学在不同时期记述编纂而成，反映了前期墨家和后期墨家的思想。

今本《墨子》可分为以下五个部分。

第一，《亲士》《修身》《所染》《法仪》《七患》《辞过》《三辩》7 篇。过去有人认为是墨子自著，但内容比较肤浅，且《亲士》《所染》又谈及墨子身后之事，不可能为他所自著。另《修身》《亲士》篇杂有儒家、道家之言，故有人认为连同《所染》均为伪托之作。也有人认为《修身》等篇所用词语虽与儒家相连，但思想观点不同，主张这 7 篇为墨家后学的作品，写作年代较晚。

第二，《尚贤》《尚同》《兼爱》《非攻》《节用》《节葬》《天志》《明鬼》《非乐》《非命》等 24 篇，是研究前期墨家思想的主要资料。

它们各有上、中、下 3 篇而内容基本相同。清代学者俞樾认为："墨子死而墨分为三""相里、相夫、邓陵三家相传之本不同，后人合以成书。故一篇而有三"。其中《非儒》篇行文没有用"子墨子言曰"开头，不是墨子言论的直接记录。文中对儒家的激烈批评，反映了儒墨对立斗争中墨家后学的思想观点。

第三，《经上》《经下》《经说上》《经说下》《大取》《小取》6 篇，一般称为《墨辩》，亦称《墨经》。关于这 6 篇的作者和年代说法不一。当前学术界多认为是后期墨家的作品。这 6 篇着重讨论的是认识论、逻辑学和自然科学问题，抛弃了天志、明鬼等前期墨家的观点，表明后期墨家的思想有了重大的进步和发展。

第四，《耕柱》《贵义》《公孟》《鲁问》《公输》5 篇，记述墨子及其弟子的言行，体裁类似儒家的《论语》。

第五，从《备城门》至《杂守》的 11 篇，专门讨论防御战术和制作守城。其中有墨子和弟子禽滑釐的对话，可能是墨家师徒传授这方面知识的记载。有些篇章如《号令》《杂守》等，杂有汉代官名以及汉代的刑法制度，可能是汉代人所编撰。

今本《墨子》为汉代刘向所校定，著于《别录》。刘歆《七略》与班固《汉书·艺文志》均据此。晋惠帝时，鲁胜曾作《墨辩注》，早已失传，仅存其《叙》。清代乾、嘉至道光初年，墨学研究逐渐复兴，至清末而大为盛行，对《墨子》全书加以校订、注释的，有毕沅的《墨子注》、汪中的《墨子表徵》、孙诒让的《墨子闲诂》。后者汇集了清代学者的研究成果。《墨子》还有清刻本、国学基本丛书本和《诸子集成》

本等。吴毓江的《墨子校注》在校勘方面改正了《墨子闲诂》的一些错误。阐扬墨学的著作，有梁启超的《墨子学案》、陈柱的《墨学十论》、方授楚的《墨学源流》等。

《墨子》一书是研究墨家学派的可靠资料。它揭示了前期墨家"尚力""非命"与"天志""明鬼"的思想矛盾，阐明了以"众之耳目之实"为认识来源的唯物主义经验论及其"兼以易别"的社会观，反映了后期墨家在认识论、逻辑和自然科学方面的重大贡献。它在中国哲学史和逻辑史上占有重要的地位。

## 《韩非子》

《韩非子》是中国战国末期思想家韩非的著作集。原名《韩子》，唐宋后，为与韩愈相区别，改为《韩非子》。《汉书·艺文志》著录55篇，列在"法家"，与今本的篇数相同。《韩非子》以宋乾道年间的刻本为最古，原刻本已不存。明代的《韩非子》刻本较多，其中较重要的有《道藏》本、《韩非子遇评》本、赵用贤本。现在传世的为清代据原刻本制出的影抄、影刻三种，即张敦仁影抄本、吴鼒影刻本、述古堂影抄本。后一种抄本曾为《四部丛刊》据之影印。清末王先慎将清代各家注释收集起来，编成《韩非子集解》，但疏漏较多。近代陈奇猷《韩非子集释》较为详备，是研究《韩非子》的重要参考资料。

《四库全书总目》认为，《韩非子》并不是韩非手著。《韩非子》编者是汉成帝时的光禄大夫刘向。刘向离韩非近百年，对韩非一些文章的真伪已难于一一辨明。其中《存韩》篇自篇首至"不可悔也"句止，是韩非的《上秦王书》，当是本篇的正文。以下是李斯的驳议和他《上韩王书》的内容，可能是《存韩》篇的附件，后误入正文。《初见秦》篇贯穿着灭亡韩国的宗旨，与韩非劝秦王存韩的基本思想不合。一些学者认为，此篇是秦昭王时入秦的吕不韦所作。《有度》篇与《管子》中的《明法》篇有部分内容相同；《饬令》篇也与《商君书》中的《靳令》篇大半相同。这两篇著作恐非韩非所写。其余各篇大体都是韩非的著作。

《韩非子》一书的主要篇章可做以下分类：①《五蠹》《八说》《六反》《有度》《说疑》《诡使》《亡征》《奸劫弑臣》等，重点阐述法治理论。②《主道》《二柄》《扬权》《爱臣》《八奸》《备内》等，重点论述韩非的法理学理论，以及君主如何运用权术驾驭臣民。③《孤愤》《说难》《难言》《和氏》等，宣泄了韩非的牢骚之词，述说了这位坚持法治主张的思想家在当时的艰难处境。④《八经》全面论述法、术、势。⑤《显学》《八说》《饰邪》等，强调文化专制，批判儒学、墨学、侠客以及阴阳迷信思想。⑥《解老》《喻老》等，用法家思想解释《老子》学说。⑦《难一》《难二》《难三》《难四》等，用辩难的形式从多方面阐述法家观点。⑧《内储说》《外储说》上下各篇，采用经、解体裁，以故事为论据来论证法家的法、术、势理论。⑨《说林上》《说林下》是韩非为撰写论文所搜集的资料。

韩非是先秦法家思想的集大成者，《韩非子》一书总结了商鞅、申不害和慎到三家的思想，提出了一套法、术、势相结合的法治理论。它的大量寓言故事具有很高的文学价值。它又是一部重要的哲学著作，阐述了"道理相应"的理论和注重"参验"的认知论，通过"矛盾之说"，阐发了丰富的辩证思想。《韩非子》还是战国时期一部重要的历史文献，它直接抄摘了《尚书》《春秋》《乘》《梼杌》《秦纪》中的原文，它所记载的许多历史事件可以补正现存史书的不足。

## 《荀子》

《荀子》是中国战国末期荀子的著作。全书现存 32 篇，大部分为荀子自著，其余为荀子弟子记录的荀子言语和思想观点，约成书于战国末期。

据《史记·孟子荀卿列传》说，荀子痛恨在污浊的时代里，君主昏庸，国家亡败，人们不追求大道，谋求巫祝之事，崇信吉凶之兆，而目光浅薄、谨小慎微的学者如庄子巧言善辩，扰乱风俗。于是荀子总结评价儒、墨、道诸家言行及其成败经验，撰述数万言，以序排列成篇。据此，这部著作是荀子晚年为总结百家争鸣和自己的学术思想而写的。此书经秦火后，藏于汉秘府，名《孙卿书》，当时共存 322 篇。初经刘向整理校订，去其重复 290 篇，定著 32 篇，名《孙卿新书》。《汉书·艺文志》著录名为《孙卿子》。以后由于"遍简烂脱，传写谬误"，又由唐代杨倞为之订正注解，把 32 篇分为 20 卷，改名为《荀卿子》，简称《荀子》。今本《荀子》就是经过杨倞重新编排

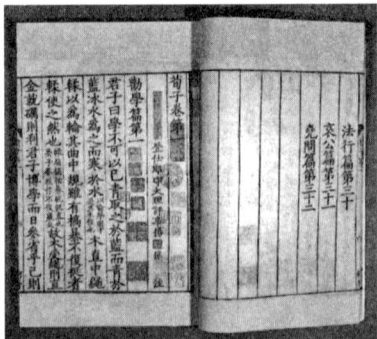

《荀子》（宋代刻本）

的。《荀子》的注本除杨倞《荀子注》外，有清王先谦的《荀子集解》、今人梁启雄的《荀子简释》及北京大学哲学系《荀子》注释组的《荀子新注》。

《荀子》仿《论语》体例，始于《劝学》，终于《尧问》，系统性、思想性较强。其中，《非十二子》以是否符合封建统一原则为标准，对墨家、名家、道家、前期法家和儒家的思孟学派进行了政治性批判。《解蔽》则视"蔽于一曲而暗于大理"的片面性为"心术之公患"，提出全面客观地观察事物矛盾的方法论原则。运用这一原则，《天伦》在总结天人问题方面提出"制天命而用之"著名思想；《正名》在总结名实问题方面提出"制名以指实"观点；《性恶》在分辨性（天性）伪（人为）之别的基础上，提出"性恶善伪"的性恶论和"化性而起伪"的人性改造论；《富国》在总结社会经济问题方面提出"明分使群"的国家起源论；《非相》《儒效》在总结古今问题方面提出"法后王"的历史观；《工制》《王霸》《议兵》在总结王霸问题方面提出实现统一要"以不敌之威，辅服人之道"的战略思想；《成相》《赋篇》以当时民歌、文艺的形式传播其哲学政治思想。

《荀子》作为研究和了解荀子思想的主要资料，其思想丰富、观点深刻，在先秦诸子和儒家思想资料中占有重要地位。

## 《礼记》

《礼记》是中国古代儒家经典之一，是先秦至汉初儒家论述各种礼仪的著作选集。成书于西汉，主要收集、记述和讨论各种礼制、礼仪以及这些礼制、礼仪中蕴含的道德义理。《礼记》中各篇的作者及成文年代多不可考，但仍旧是后人研究中国古代社会情况、典章制度和儒家思想的重要著作。后世流传下来的《礼记》有两个版本，一个是戴德辑录选编本，共八十五篇，被叫作《大戴礼记》，这个版本到唐代时，只剩下三十九篇；戴德的侄子戴圣辑录的选本有四十九篇，被称作《小戴礼记》。如今通行版的《礼记》是《小戴礼记》，共四十九篇，到宋代时，被收在《十三经》内。

《礼记》阐述的思想，包括社会、政治、伦理、哲学、宗教等各方面内容，其中许多篇章可视作孟子、荀子之后儒家思想发展的历史资料，特别是荀子学派讲礼的史料。其中的《曲礼》《檀弓》《大学》《中庸》《礼运》《祭义》《乐记》等篇，有着十分丰富的伦理思想。例如《大学》所宣扬的"修身、齐家、治国、平天下"的思想，成为封建统治阶级奉行的伦理思想总纲领。除此之外，《礼记》大量记载了包括人伦称谓、辞令、服饰、家教、尊老、丧祭、教化、礼俗等在内的古代文化历史知识，涉及社会生活的方方面面，这些内容对当代伦理道德也具有指导借鉴意义。

## 《传习录》

《传习录》是儒家的重要著作，内含中国明代哲学家王守仁平日讲学之语录、重要的论学书信及其所编撰的《朱子晚年定论》。

最初王守仁弟子徐爱将乃师讲学语记录成文，题为《传习录》，"传习"二字出自《论语·学而》曾子"传不习乎"语。徐爱英年早逝后，所录手稿传到薛侃手中。薛侃于正德十三年（1518）将自己所录与陆澄所录及徐爱所录十四条合并在一起，同样以《传习录》为题刊刻成书，即今《传习录》（上）。嘉靖三年（1524），南大吉取王守仁论学书以《续刻传习录》为题刊行于世，大体即今《传习录》（中）。王守仁去世后，钱德洪等将自己所录与同门（陈九川、黄直、黄省曾、黄修易等）余录，纂集为《传习续录》刊行，即今《传习录》（下）。隆庆六年（1572），谢廷杰在浙出版《王文成公全书》，以薛侃所编《传习录》为上卷，以钱德洪增删南大吉所编书信部分为中卷，以《传习续录》为下卷，附入王守仁所编《朱子晚年定论》，是为《王文成公全书》本的《传习录》。上卷经王守仁本人审阅，中卷里的书信出自王守仁亲笔，唯下卷内容未经其本人审阅，个别条目之可靠性、准确性受到质疑，但其晚年思想之进展如"四句教"等集中反映在该卷之中。

《传习录》一书包含了王守仁的主要思想，是研究阳明心学必备资料。今人陈荣捷先生在日人佐藤一斋《传习录栏外书》基础上，从《王文成公全书》中又辑录未入《传习录》的王守仁语录十四条，并佐藤一斋所辑共五十一条，以《传习录拾遗》为名刊入《王阳明传习录详注集评》一书。《传习录》版本众多，在东亚儒学圈亦广为流传。

## 《近思录》

《近思录》是中国南宋理学家朱熹和吕祖谦合编的理学入门书。

淳熙二年（1175），吕祖谦从浙江到福建与朱熹会晤，两人在寒泉精舍共读周敦颐、张载、程颢、程颐的书，深感其著作"广大闳博，若无津涯"，初学者不易把握其要义，于是精选 622 条，分类辑成《近思录》14 卷。书名取自《论语》"切问而近思"，意在使读者切己体悟，而不可"厌卑近而骛高远"。朱熹十分看重《近思录》，将其视为通往儒门圣经的阶梯："四子，六经之阶梯；《近思录》，四子之阶梯。"（《朱子语类》卷一百五）《近思录》大体参照《大学》三纲八目次序而编排，系统阐述了理学思想的主要内容。所录皆是"关于大体而切于日用者"，始于对天道心性本体的体悟追求，循着格物穷理、存养克己的修身工夫，以至于齐家、出处进退、治国平天下，掌握治体与治法、政事与教学，并警戒自家病痛与异端之学，最终体验孔颜乐处的圣贤气象。

《近思录》清同治三年（1864）刊本
现藏于中国书院博物馆（湖南长沙）

《近思录》在理学史上具有重要地位，对确立儒家道统、传播理学思想起到重要作用。清儒江永称："凡义理根源，圣学体用，皆在此编""盖自孔曾思孟而后，仅见此书"。钱穆更将《近思录》列为经书。《近思录》今有叶采集解本（《四库全书》著录）、明嘉靖十七年（1538）吴邦模刻本、正谊堂本、江永集注本等。《近思录》注释至清已有 20余家，2010 年岳麓书社推出《近思录集释》，将叶采、张伯行、茅星来、江永 4 种最有影响的注释汇编为一书。《近思录》在东亚儒家文化圈广为流传，仅日本即有 100 余种注本。

# 《吕氏春秋》

《吕氏春秋》是中国战国末期秦国的相邦吕不韦组织门客编写的著作。又称《吕览》。

《汉书·艺文志》著录，列在杂家。《史记·吕不韦列传》说该书有"八览""六论""十二纪"。今本次序为"十二纪""八览""六论"，与《史记》所说次序不同，当是后人改定。全书总计160篇，近15万言。其成书时间学术界有争议，有人认为是秦始皇八年（公元前239年），也有人认为是秦始皇六年。《吕氏春秋》有明万历七年（1579）刻本，注释本有汉高诱的《吕氏春秋注》，清乾隆五十三年（1788）灵岩山馆刊毕沅校正本、《诸子集成》本。现代学者许维遹《吕氏春秋集释》、陈奇猷《吕氏春秋校释》，都是比较重要的参考资料。

《吕氏春秋》全书体例一致，篇与篇之间内容有一定的联系与分工，文章结构完整，组织较严密，语言也较生动。它记载了大量先秦诸子的旧闻佚说、历史故事和传说，不仅内容丰富深刻，富有逻辑性，而且在史料上也有很高的价值。在哲学上，它提出"太一"即道，是产生天地万物的本原；强调认知必须破除主观成见，判断言论的是非必须根据事物的实际情况，并且要"验之以理"。在政治思想上，它吸取儒家德治、仁政学说，主张对人民进行道德和音乐的感化；吸取法家"因时变法"、重视耕战和赏罚必信的思想，批判其"严罚厚赏"的主张；吸取道家贵生、清静无为的思想，主张君主无为而臣下有为，统治者要节欲、养生；吸取阴阳家的天人感应和"五德终始"说，作为以秦代周的理论根据；

吸取墨家节用、薄葬的思想，批判其非攻、偃兵之说，主张以义兵、义战实现统一。它还提出天下是天下人的天下，主张限制天子的权力。《吕氏春秋》中还保存了关于农业的思想，"六论"中的《上农》《任地》《辨士》《审时》四篇虽然只保存了先秦"农家"学说的片段，但已具有系统的理论，可称是中国现存最早的农学著作，为研究先秦农业历史提供了较为翔实的资料。

战国末期，统一趋势加强，各家思想迅速走向融合。《吕氏春秋》意在综合百家之学，总结历史经验，博采众家之长，初步形成了包括政治、经济、哲学、军事等各方面内容的理论体系，在学术上和政治上对后世有重要影响。但因出于众手，对先秦诸子的思想没有能够完全融会贯通。

# 第 2 章

# 历史类

# 先秦时期

## 《尚书》

《尚书》是中国古代的一部历史文献汇编。又称《书》。

"尚"的意义是上古，"书"的意义是书写在竹帛上的历史记载，所以"尚书"就是"上古的史书"。主要记载商、周两代统治者的一些讲话记录。有关商代的几篇流传到周代，或受周人语言文字的影响，或由周代本国史官加工润饰。另四篇所谓虞夏的书，除《甘誓》素材可能传自夏代，历商到周才写定外，《尧典》《皋陶谟》《禹贡》均为春秋战国时代根据部分往古材料再加工所编成。

《墨子·贵义》说周公每天要读一百篇《书》，可知周初这类历史文献还不少，但到春秋战国时期所存已不多。从当时引用的情况来看，《左传》有五十多处，所引篇名

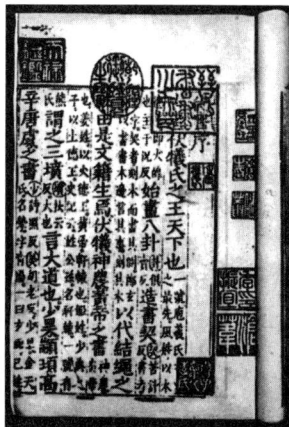

《尚书》（清乾隆武英殿
仿宋相台岳珂刻本）

为十八篇；《墨子》达二十二篇，综计当时各家所引，除泛称《书》者外，所见篇名合计逾四十余篇。其中三十余篇为现存《尚书》中所无；而传到汉代的二十八篇中，先秦未见引者也有十四篇。当时还出现《夏书》《商书》《周书》等名称，可能已按王朝作了汇编。不过还没有"虞书"一词，《左传》文公十八年出现过一次，顾炎武《日知录》已辨其非。又无"尚书"一词，《墨子·明鬼下》曾出现一次，王念孙《读书杂志》已校订为"尚者"之误。《尚书》书名为汉代今文家所定。

儒家的课程原有"诗、书、礼、乐"四项，礼、乐为讲堂外经常排练的实习课，讲堂上的课本只有《诗》《书》，所以《商君书》和秦始皇的诏令中所严禁的也是这两种。到孟子、荀子时加上《春秋》，到《礼记·经解》中又加上《易》。《庄子》中后出的《天下篇》亦举此六种，《天运篇》并有"六经"之名。由于古时无法将乐调写成乐谱传下来，所以到汉代就只有《诗》《书》《礼》《易》《春秋》五种，合称为"五经"。《尚书》也成了儒家宣扬二帝（尧、舜）三王（夏、商、周）圣道的《书经》。

汉代的这部经书，是由秦博士伏生藏在屋壁里，躲过秦的焚禁和楚汉的战乱才传下来的。伏生从残简中拼凑出下列二十八篇：《尧典》《皋陶谟》《禹贡》《甘誓》《汤誓》《盘庚》《高宗肜日》《西伯戡黎》《微子》《牧誓》《洪范》《金縢》《大诰》《康诰》《酒诰》《梓材》《召诰》《洛诰》《多士》《无逸》《君奭》《多方》《立政》《顾命》《吕刑》《文侯之命》《费誓》《秦誓》，并用这些在齐、鲁之间传授门徒，经过数传形成西汉的《尚书》学三家，即欧阳高的"欧阳氏学"、夏侯胜的"大夏侯氏学"、夏侯建的"小夏侯氏学",都立于学官。三家所教的是伏生二十八篇和民间所献伪《太誓》,共二十九篇(欧阳氏本《盘庚》分三篇成三十一篇)。由于伏生所藏之书是用汉代通行的隶书所写,为区别新出现的"古文"本,遂称为《今文尚书》,这三家便称为"今文三家"。汉末把欧阳氏《尚书》刻入《熹平石经》,用以统一文字的分歧。

相传西汉中期起,曾几次出现过先秦留下的写本,称为《古文尚书》,先后有鲁恭王坏孔子屋壁本、河间献王本、中秘古文本、张霸"百两篇"本、杜林漆书本等。刘歆以鲁恭王坏孔壁本多"逸书"十六篇,请立于学官,遭到今文家的反对,引起学术史上近两千年的今古文之争。东汉流行的是杜林漆书本,这一古文本没有"逸书"十六篇而只有同于今文的二十九篇,卫宏、贾逵、马融、郑玄、王肃等人先后作了注。马郑本并将《盘庚》《太誓》各分为三篇,《顾命》分出《康王之诰》,共为三十四篇,用所谓蝌蚪文字写成,魏正始年间刻入《三体石经》中。

西晋永嘉之乱,文籍丧失,今、古文也散亡。东晋初年,梅赜献上一部用"隶古定"字体(即用隶书笔法按古文字体写定)写的,其经文下有"孔安国传(即注)"的《古文尚书》十三卷。该书把伏生二十八篇析成三十三篇,另从当时所见古籍中搜集文句编造成二十五篇,以凑成刘向、郑玄所说"古文五十八篇"之数。由于经文完整和注解详明,该书受到人们的重视,更因为有王朝的提倡,渐得《书经》的正统地位而流传下来。唐孔颖达据以撰《尚书正义》二十卷,南宋时与"孔传"合刊为《尚书注疏》("孔传"为注,《正义》为疏)。明、清时刻在《十三经注疏》中。唐天宝间又命卫包用楷书改写成"今字本"，其中有改错之处。开成间这种今字本被刻在"唐石经"中，为以后一切版刻本之祖。宋代朱熹的学生蔡沈总结宋人对《尚书》的解说，撰成《书集传》六卷，每篇注明今文、古文，与《尚书注疏》分别代表《尚书》学史上的两个不同时代。元代以后，该书成了科举的法定读本，明代起被刻在《五经大全》等本中。

从唐代开始，有人对东晋《尚书》置疑，宋代吴棫提出辨析后，经元、明、清等不同时期人的严密考证，最后判定其二十五篇是"伪《古文尚书》"，"孔安国传"是"伪孔传"，这一本子是"伪孔本"。但伪孔本中保存的今文二十八篇，是商周文献的孑遗。清代中叶至今，不少学者对伪孔本进行了深入钻研，清代王鸣盛的《尚书后案》、孙星衍的《尚书今古文注疏》、王先谦的《尚书孔传参证》，以及中华民国时期吴闿生的《尚书大义》和杨筠如的《尚书核诂》，都是有价值的研究成果。

## 《春秋》

《春秋》是中国现存的第一部编年体史书，为春秋时鲁国国史，按年记载了春秋时鲁国及其他列国从鲁隐公元年到鲁哀公十四年或十六（公元前 722 年至前 481 年或前 479 年）年间的历史大事。

该书略有残缺，尚保留 16 000 多字，其纪年依据鲁国。内容包括政治、军事、经济、文化、天文气象、物质生产、社会生活等诸方面，记有准确时间、地点、人物。所记载的 37 次日食，就有 34 次同现代天文学推算完全符合，可证《春秋》确是当时信史，绝非后人所能杜撰。

旧说《春秋》为孔子所作。但近代学者研究证实，它应为鲁国历代史官世袭相承集体编录。因早在孔子出生前就有《春秋》流传，并已具备约定俗成的一套传统义例，即所谓"书法"。当时晋、齐、楚、宋等国均有这样的史官建置和类似的史书编著，其体裁及"书法"也大体一致。《春秋》所以能记载各国大事，就是这些史官相互通报的结果。另外，《春秋》中有违反"书法"、为权位开脱罪责的曲笔讳饰之辞，还有一些缺文讹误，甚至记录孔子的生卒年等。这些都说明《春秋》不大可能是孔子所作。也有学者认为，《春秋》应该经过孔子的编辑，才能达到这么高的水平。

《论语》《左传》中都记有孔子对春秋时代历史人物、事件的评述，可见《春秋》是孔子及其弟子研讨的重要内容之一。当时正值社会剧变，礼坏乐崩，"天子失官"之时，原属官府掌管的《诗》《书》《春秋》等典籍散播民间，成为孔门教学的宝贵资料。将世代相传的国史《春秋》作为教材，转抄流布，大约便是孔门后学所为。传说孔子晚年的高足弟子子夏就是擅长《春秋》的大师，而将孔子生卒记入《春秋》也当出于孔门后学对先师的敬意。孔子虽不曾编写过《春秋》，但讲述研习《春秋》却应肇端于孔子。

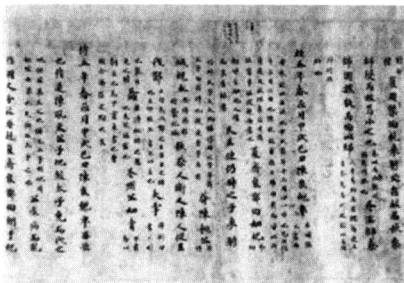

《春秋》（唐代手抄）

现存《春秋》分别载于《左传》《公羊传》《榖梁传》，三传经文大同小异。《春秋》经文极为简略，每年记事最多不过20条左右，最少的只有两条；最长条文不过40余字，最短仅一二字。显然只是若干历史事件的目录标题。这是由于当时的历史尚以史官口述为主，文字记载仅属起提示作用的备忘录。《春秋》虽然简短，却记载了准确的时间、地点、人物，从而赋予史官的口头讲述以信史价值，这已是史学发展的巨大进步。然而由于《春秋》叙事过简，被后代一些学者讥为"断烂朝报"。《左传》以大量翔实丰富的史实，弥补了《春秋》的不足。但在政治方面，《春秋》又具有《左传》无法比肩的意义。汉以后，《春秋》被尊为孔子编撰的儒家经典，在政治上、学术上处于至高无上的尊位。历代许多儒生对其曲解依托，尽情发挥，使它在经学、史学领域，以至政治生活方面都产生过重大影响。

## 《左传》

旧说《左传》与《公羊传》《穀梁传》同为解释《春秋》的三传之一，实为记载中国春秋历史的重要编年史著作。又称《左氏春秋》《春秋左氏传》《春秋内传》。

传为春秋末鲁人左丘明作，实际成书时间当在战国中期。春秋时中国已有专职史官用简练的文字记录重要史事的纲目，《春秋》就是流传下来的一种。另有称为瞽矇的盲史官，记诵、讲述有关这些题目的具体内容及远古传说，口耳相传以补充和丰富文字的记载，左丘明即为瞽矇之一。约在公元前 4 世纪，学者以《春秋》为纲，依据瞽矇的讲史记录《国语》和当时尚能见到的其他典籍《夏训》《商书》《周志》《郑书》等，编成了《左传》这部丰富多彩的中国古代编年史。从内容来看，该书应属战国中期作品，其主体可能是左丘明讲述的史事，因而最后的编订者才以他主名。

《左传》是通过叙述春秋时的具体史事来说明《春秋》所记录的纲目的。如在《春秋》鲁隐公元年（公元前 722 年）"郑伯克段于鄢"的题目下，《左传》就用 500 多字介绍了郑伯（郑庄公），他的父亲郑武公、母亲武姜、弟弟共叔段，以及他们相互间的感情纠葛和权力斗争；反映了春秋初期宗法制败坏，贵族内部大宗同旁支的较量；突出了武姜的溺爱纵容、共叔段的骄横扩张，以及郑伯的深沉有谋、颇得臣民拥戴，所以能一举挫败共叔段经营多年的叛乱活动，迫使他逃亡，从而加强了君权，为其后郑国的强盛和庄公的"小霸"打下基础。从而解释了《春秋》中这六个字所包含的褒贬。很显然，只有通过《左传》介绍的史事，才能真正理解《春秋》这些标题目录的全部意义。所以说"《左比传》于《经》，犹衣之表里，相待而成"（桓谭《新论》）。

六朝人书《左传》

《左传》不仅记载了春秋时代许多重要史事，还保存了若干传说古史。有些记述已反映出某些进步的思想，如轻视鬼神而注重人事，强调君主应忠于人民管好国家等，具有较浓厚的"民本"思想。另一方面，它也显示出春秋时政治思想的一些特点，如不承认统一的专制君权，宣扬君臣为共同的国家利益而结合，双方都有选择的自由，不主张臣民绝对效忠于君主。与此同时，《左传》也强调等级秩序与宗法伦理，重视长幼和尊卑之别，是研究先秦儒家思想的重要史料。

《左传》在西汉时属"古文经",并成为"古文经"中的主要经典。由于汉代经学家的门户之见,它长期不能立于官学,未取得设置博士的合法地位。但由于它本身的学术价值,却能在民间广泛流行,并得到不少著名学者的研习和赞赏。西晋杜预作《春秋经传集解》,始将《春秋》与《左传》合编为一书,博采汉儒解说,考订异同,自成专门之学。其后《左传》的地位逐渐超过《公羊传》和《穀梁传》。唐人孔颖达作疏,一遵杜注。清人洪亮吉作《春秋左传诂》,则对杜注多所指摘。又有刘文淇等作《春秋左传旧注疏证》,搜罗前人注释最富,惜未完成。近人杨伯峻作《春秋左传注》,简明适用。

## 《国语》

《周语》是杂记中国西周及春秋时期周、鲁、齐、晋、郑、楚、吴、越八国人物、事迹、言论的国别史。又称《春秋外传》。

旧说为春秋末鲁人左丘明所作,与《左传》同为解说《春秋》经的姐妹篇。据近代学者研究,春秋时有称为瞽矇的盲史官,专门记诵、讲述古今历史。左丘明即是略早于孔子的著名瞽矇,其讲史曾得到孔子的赞赏。瞽矇讲述的史事被后人笔录成书,称为《语》,按国别区分即为《周语》《鲁语》等,总称为《国语》。西晋时曾在魏襄王(一说魏安釐王)墓中发现大量写在竹简上的古书,其中有《国语》三篇言楚、晋事,说明战国时期该书已流行于世。今本《国语》大约就是这些残存记录的总集。由于是口耳相传的零散原始记录,书的内容偏重于言辞,在国别和年代上也很不平衡,全书21卷中,《晋语》9卷,《楚语》2卷,

《齐语》仅 1 卷。《周语》从穆王开始，尚属西周前期；《郑语》仅记桓公谋议东迁之事，亦在春秋之前，或说春秋时文；《晋语》记到智伯灭亡，已属战国之初。可见《国语》的内容并不局限于春秋，但的确记载了不少西周、春秋的重要史事。《国语》出自瞽矇的记录，为价值很高的原始素材，所以司马迁编著《史记》时曾大量取材于此。三国时吴人韦昭为《国语》作解，总结了汉代学者注释的成果。清人董增龄作《国语正义》，近人徐元浩作《国语集解》，汇集历代有关解说，颇便研讨。

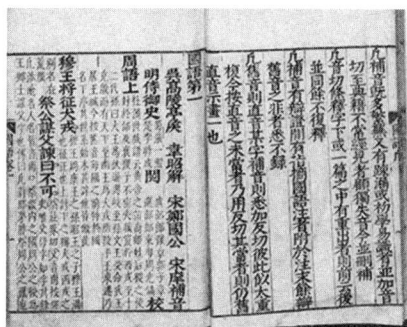

《国语》书影

# 秦汉时期

## 《史记》

《史记》是中国第一部纪传体通史。初名《太史公书》，又称《太史公记》《太史记》。汉司马迁撰。司马迁字子长，其父司马谈于汉武帝建元、元封年间为太史令，掌管文史星历，管理皇家图书，曾有志编写古今通史，但未能如愿，去世前嘱咐司马迁继承其遗志。元封三年（公元前 108 年），司马迁继任父职，在太初元年（公元前 104 年）参加制定《太初历》后，开始撰写《史记》。经十余年努力，终于成书。

《史记》记事起于传说中的黄帝，讫于汉武帝，历时三千余年。所述史事，详于战国、秦、汉。据《太史公自序》记载，全书 130 篇，包括十二本纪、十表、八书、三十世家、七十列传，共 52.65 万字。"本纪"是全书纲领，按年月记述帝王言行政绩，兼录各方面重大事件。其中先秦诸篇按朝代成篇，秦汉诸纪则按帝王成篇。项羽虽然不是帝王，但他一度主宰天下，分封侯王，政由羽出，所以把项羽也载入本纪。"表"采用表格形式简列世系、人物和史事，以清脉络。其中包括世表、月表和各种年表。"书"叙述各种制度沿革，内容涉及礼乐制度、天文兵律、社会经济、河渠地理等。"世家"记载子孙世袭的王侯封国史迹，兼及个别地位与侯王相当的著名人物。"列传"主要是社会各阶层代表人物的传记。少数篇章为中国少数民族以及与中国互相往来的一些国家和地区的历史记录。本纪和列传是全书主要部分，与表、书、世家相辅相成，融为一体。

《史记》的宗旨是"究天人之际，通古今之变，成一家之言"。所谓"究天人之际"，就是探索天道和人事之间的关系，作者在书中批判了前人的"神意天命论"，而代之以"帝王中心论"。所谓"通古今之变"，就是研究历史的发展和变化，作者提出了"忠"—"敬"—"文"这一朝代更替的周而复始的固定公式。这种认识并不科学，不过当时人们也只能达到这种认识水平。

此书取材丰富，对《左传》《国语》《世本》《战国策》《楚汉春秋》及诸子百家多所采摘，又利用了国家收藏的档案、民间保存的古文书传，并增添了亲身采访和实地调查的材料。作者在广泛取材的同时，又注意鉴别和选择材料，淘汰无稽之谈，力求实事求是。汉代以前，出现过多种体裁的历史著作，但就记事的久远、内容的广泛、史事的翔实、材料的系统、组织的完善来看，都不如《史记》。在中国史学发展史上，《史记》堪称第一部规模宏大、体制完备的中国通史。由它开端的史书纪传体影响深远，后来历代的"正史"都采用了这一体裁。它的大部分文字生动精练，写人叙事形象鲜明，对中国后世的散文和传记文学有良好的影响。

司马迁死后，了解《史记》的人并不很多。汉宣帝时，司马迁的外孙杨恽祖述其书，公布于世，从此开始流传。东汉时已有残缺，班固在《汉书·司马迁传》中说缺少十篇，有录无书。三国魏张晏认为所亡十篇是《景帝纪》《武帝纪》《礼书》《乐书》《兵书》《汉兴以来将相年表》《日者列传》《三王世家》《龟策列传》《傅靳列传》，并说汉元帝、成帝时褚少孙补作了《武帝纪》《三王世家》《龟策列传》《日者列传》。对张晏的说法，有人持有异议，但此书有残缺，则是可以肯定的。今本 130 篇掺杂后人续笔，如书中"褚先生曰"即为褚少孙所作，文字粗陋不可取。

后代有很多人训释《史记》，南朝宋裴骃以徐广《史记音义》为基础，吸收儒家经传和诸子百家之说，又摄取前人成果，撰成《史记集解》80 卷，为现存最早而又完整的旧注。唐司马贞又采各家旧注作《史记索隐》30 卷，注音与释义并重，提出不少新见解。唐张守节以毕生精力撰《史记正义》30 卷，训释详备，质量又有提高。清梁玉绳作《史记志疑》，侧重考证书中史事。日本泷川资言撰《史记会注考证》，汇集了各家注释和考证成果。水泽利忠又撰《史记会注考证校补》，以补充《会注考证》。

《史记》现存早期的版本之一南宋黄善夫家塾刻本，被公认为善本，经商务印书馆影印收入百衲本《二十四史》。明嘉靖、万历时南北监刻的《二十一史》本、毛氏汲古阁刻的《十七史》本、清乾隆时武英殿刻的《二十四史》本，都是质量较好、流传较广的刻本。同治时期又出现金陵书局刻本，此本是张文虎在钱泰吉校本基础上参酌众本形成的，错讹较少。1959年中华书局出版标点校勘本《史记》，便于阅读，所据底本即金陵书局刻本。

## 《汉书》

《汉书》是记录中国西汉一代历史的纪传体著作。东汉班固撰。班固，字孟坚，扶风安陵（今陕西咸阳）人。

《汉书》记事始于汉刘邦元年（公元前206年），终于新莽地皇四年（公元23年），共230年的历史。

### ◆ 写作过程

西汉末年，不少人采集时事，续补《史记》，见于典籍记载的就有16人。班固的父亲班彪认为这些续补文辞卑俗，不足以蹿继前史，尤其是扬雄、刘歆的续作，褒美伪新，贻误后人，不能让此类作品在史上流传。于是另作《史记后传》65篇，欲以成为司马迁之后真正的良史。班彪的《史记后传》原书已佚，其大部分内容被《汉书》所吸收，《汉书》有的段落很明显地保存着班彪《史记后传》原文的痕迹，如韦贤、翟方进、元后三传末尾的赞，皆有"司徒掾班彪曰"。《史记》问世之后的续补之作，是《汉书》写作的基础，影响最大的当是班彪的《史记后传》。

汉光武帝建武三十年（公元54年），班彪去世，时班固年二十三，离开太学回扶风为父守丧，决心继承父亲的志向，完成他未完成的事业。三年后，班固开始《汉书》的编纂工作。汉明帝永平五年（公元62年），班固被人告发私作国史，被捕入狱。其弟班超亲自赶赴洛阳为其上书申辩，当时恰逢郡守将班固的书稿交到京城，汉明帝看后甚为赏识班固的才华，便命其继续完成《汉书》。

汉和帝永元四年（公元92年），班固因受窦宪叛乱牵连，被捕入狱，冤死狱中。班固死时，除"表"和《天文志》未完，其余已全部完稿。汉和帝命班固妹班昭整理、补作，班昭完成"表"，《天文志》未能竣工。汉和帝又命马续补充整理续写完成。

班固有意识地采取了《史记》中汉初部分，再续补汉昭帝以下至西汉末的历史事实，历时20多年，与成包举一代的断代史《汉书》，成为中国第一部纪传体断代史。这是司马迁之后中国历史学发展的重大突破，是班固对历史书写的重大贡献，故有"史汉""班马"之并称。

◆ 体例

《汉书》在体例上主要参照《史记》，但略有不同，将"书"改为"志"；取消"世家"并入"列传"；"本纪"改成"纪"。全书共100篇，后人分为120卷。

纪有12篇，是帝王之事，记载从汉高祖刘邦到汉平帝的百年大事。表8篇，记载王侯世系，记录官制演变，以圣、仁、智、愚等九级排列历史人物。志有 10 篇，由《史记》八书扩充而来，是贯通古今的政治制度、经济、文化的专史。列传有 70 篇，记载从陈胜到王莽西汉一代不同社会阶层重要人物的事迹，包括汉代边疆一些少数民族、部分邻国重要人物的事迹。全书以纪、传为中心，相互联系，相互补充，全面、集中地反映西汉王朝的历史。

《汉书》的体例比《史记》更严明整饬，一律以时代与世系的先后为排列标准，在篇章标题上也尽量统一，而不是像《史记》那样有时称名，有时称号，有时称官职，有时又称爵号。汉武帝以前的记载，大都沿用了《史记》的原文，但亦有所取舍，订正补充了《史记》的一些疏漏，汉武帝以后的史实则主要是由班固撰写。

◆ 思想

班固出身于显贵世家，受儒家正统思想影响极深，故批评司马迁"是非颇缪于圣人"。在评论历史事件和人物上，他缺乏司马迁那种匡世济民的战斗热情，将儒家伦理道德与等级名分作为臧否人物的唯一标准。如司马迁从人物的历史作用出发，将项羽列入本纪，将陈涉列入世家，而班固则将项羽、陈涉列入传记，并且在《古今人表》中将其列为第六等。将游侠、刺客从《汉书》中除名，认为这类人行为与儒家道德不符，罪不容诛，并且指责司马迁为其作传，以此维护正统思想。班固在正统思想的影响下，为尊者讳，为汉代帝王唱颂歌，对不善之处刻意粉饰、维护，如汉成帝宠爱妇人，不理朝纲，让外戚逐渐掌握朝廷权柄，而班固的《成帝纪》把班彪《史记后传》的赞文照抄过来，极尽赞美之辞。

作为历史学家，班固赞扬司马迁"不虚美""不隐恶"的"实录"精神，重视客观的历史事实。因此《汉书》不仅比较全面地反映了西汉一代的历史，而且在一些传记中暴露了政治的昏暗面，如在《霍光传》中揭露了外戚的专横暴虐及其爪牙鱼肉人民的罪恶。还有一些传记，如《龚遂传》中接触到了人民的疾苦，表扬了能体恤人民的官吏，表现了作者对人民的同情。

除此之外，班固从大一统的观念出发，赞颂忠于国家、抵御外侮的爱国英雄，鞭挞苟且偷安、叛国投敌的民族败类，此类内容是《史记》所不及的。班固比较理性，避免了司马迁人物传记中个人情绪的偏激，如《史记》对卫青、霍去病等人讥讽过多，《汉书》则歌颂他们"匈奴不灭，无以家为"的雄心壮志，集中记载了他们保家卫国，解除边患，为汉王朝的稳固、强盛所建立的丰功伟绩。

◆ **文学成就**

作为史传文学，《汉书》不如《史记》中的人物写得形象鲜明、生动，但也有不少人物传记写得非常成功，从而成为人物传记的范例。如《苏武传》通过"啮雪吞旃""北海牧羊"等一系列具体生动的情节，突出了苏武视死如归、不为利诱的斗争精神，颂扬了苏武坚持民族气节的高尚品格，给人们留下了不可磨灭的印象。在《朱买臣传》中，通过写朱买臣失意和得意时的不同精神面貌以及人们对他的不同态度，既揭露了封建时代世态炎凉的社会习尚，又活画出封建时代在功名利禄的引诱下缺乏独立人格的文人可怜可憎的形象。

《汉书》写人善于通过人物的日常生活细节来突出人物的思想性格

特征。如《陈万年传》写陈万年有病，还让他的儿子陈咸在其床下接受他的教训，一直到夜半时分仍不停止。后来陈万年因陈咸睡着而大怒，陈咸叩头谢罪说知道父亲的教导无非是要让他懂得谄媚之道。陈万年的盛怒之言和陈咸的直率回答，活画出一个不以谄事权贵为耻的官僚形象。《张禹传》也完全是通过叙述张禹的日常言行，围绕着他"持禄保位"的卑鄙心理，来戳穿他"为人谨厚""为天子师"的堂皇外衣，显露出庸俗、虚伪、阴险的本来面目。

对比描写也是《汉书》塑造人物形象的重要方法，可以与正面描写相互照应，共同凸显人物性格的独特。如对于苏武形象的塑造，《汉书》还以卫律、李陵为衬托对象来表现苏武的高尚情操，绘声绘色，震撼力强。卫律劝降，以权势富贵为诱饵，苏武不为所动；卫律媚颜奴骨，荣辱不分，李陵正气凛然，大骂卫律。李陵则是以苏武一家悲惨遭遇及自身经历、体会劝说苏武，人生如朝露，不必如此自苦，苏武则慷慨激昂，直言为国当肝脑涂地，不怕死亡，直令李陵喟然泣下，自惭形秽。两番劝降，在对比中将苏武的爱国与坚守，更加鲜明生动地表现出来。

在文学语言方面，班固深受辞赋创作的影响，崇尚采藻，长于排偶，亦喜用古字，不如《史记》语言的简洁明朗、生动活泼。但《汉书》的语言也因此具有整饬详赡、富丽典雅的一面，颇为学者喜欢，据说当时甚重其书，学者竞相讽诵，亦为后世散文作家所喜爱。

在叙事方面，《汉书》详赡严密。如"鸿门宴"一节，《史记》叙述汪洋恣肆，文笔洒脱，而《汉书》则是用语简洁，但事情的来龙去脉纲目清晰。班固叙事不像司马迁那般外露，尽兴挥洒，而是冷静审视历史，与历史保持一定的距离，以求原原本本地还原历史。范晔在《后汉书·班固传赞》中说："迁文直而事核，固文赡而事详。若固之序事，不激诡，不抑抗，赡而不秽，详而有体，使读之者亹亹而不厌，信哉其能成名也。"此论断比较准确地道出了《汉书》的叙事风格与成就。

◆ **影响**

《汉书》开创了断代体史书书写的体例，此后的正史书写，无不以《汉书》为典范样本。开拓了历史书写的领域，确立了书志体，开创了目录学，保存了重要的历史文献。"志"所保存的典章制度、学术文化，内容丰富翔实，是了解汉代文化的重要资料。班固将《史记》的《律书》和《历书》合并为《律历志》，将《礼书》和《乐书》合并为《礼乐志》，又将《平准书》扩充为《食货志》，增加了很多新内容。除此之外，《汉书》还新增了《刑法志》《五行志》《地理志》《艺文志》，其中，《艺文志》是根据现在已亡佚的刘歆《七略》而来，是考察西汉以前典籍存佚情况的重要依据；《地埋志》记载了地理名称的变化、水道的流向及各地的民风、物产等情况，为后代正史修撰所效仿沿用。此后，书志体成为正史不可或缺的组成部分，扩大了历史书写的领域，并直接推动了后世通志、通典、通考等典章文物专著的出现。

《汉书》在人物传记中引用了大量的辞赋和散文，虽然在一定程度上影响了叙事的连贯和人物特征的刻画，但也因此保存了不少重要文章，此亦为班固在保存文化遗产方面的贡献。

◆ **版本及注本**

《汉书》流传后，因其多用僻字古词，比较难懂，东汉末年已有应劭、服虔为之作注。到了唐代，颜师古汇集前人 23 家的注释，纠谬补缺，作《汉书》新注，流传至今。清末王先谦《汉书补注》征引专著和参订者多达 67 家，号称集大成者。现存最早刊本为北宋景祐年间刊刻的，历来受学者重视。历代均有刊本，清代乾隆武英殿本最为通行。今通行本中华书局 1962 年版标点本，以北宋本为底本，参校众本，被视为《汉书》的权威版本。另补注有清沈钦韩《汉书疏证》，上海古籍出版社 2006 年版；周寿昌《汉书注校补》，商务印书馆 1936 年版；清代王先谦《汉书补注》，中华书局 1983 年版；近人杨树达《汉书窥管》，商务印书馆 2015 年版。

# 三国两晋南北朝时期

## 《三国志》

　　《三国志》是记述魏、蜀、吴三国历史的纪传体史书。西晋陈寿撰，南朝宋裴松之注。含魏书 30 卷、蜀书 15 卷、吴书 20 卷，共 65 卷。在纪传体正史中，与《史记》《汉书》和《后汉书》并称前四史。

　　陈寿（又名陈长寿，233～297），字承祚，蜀国巴西安汉（今四川南充北）人。仕蜀时为散骑黄门侍郎，入晋后任著作郎、治书侍

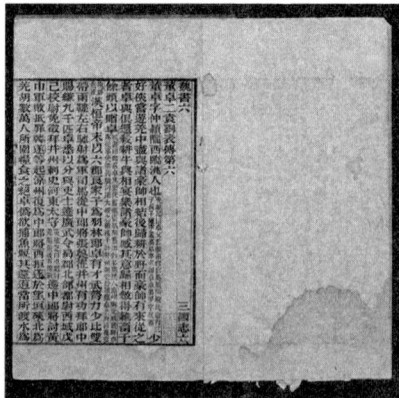

《三国志》铅印本

御史。280年晋灭吴后，著《三国志》。当时魏、吴两国先已有史，如王沈的《魏书》、鱼豢的《魏略》、韦昭的《吴书》，此三书当是他依据的基本材料；蜀汉此前没有史书可依，由陈寿采择资料撰成。

《三国志》以曹魏为正统，故魏书居首，称曹操、曹丕、曹叡为帝。对吴、蜀君主即位，都记明曹魏年号；东吴只有孙权称主，而孙亮等都称名。这是因为晋朝受禅于魏，为维护本朝合法性，就只能以魏为正统。对蜀汉刘备父子称先主、后主，不同于孙吴，多少反映陈寿对蜀汉的故国之思。

陈寿取材审慎，文字简洁，后人说其书"裁制有余，文采不足"。但前人也责难陈寿，说他向丁仪、丁廙之子乞米不得，因此不给丁氏兄弟立传；因有憾于诸葛亮，所以说他将略非长，无应敌之才。这些责备缺乏根据。《三国志》中丁氏兄弟附见于王粲传，而诸葛亮传中充分肯定了他的功绩，还收录了亮集目录，为全书特例。说诸葛亮将略非长，当时人已有类似评论，而且也是公允的。但《三国志》对于晋室的叙述时有曲笔，对魏晋禅代中司马氏的作为尤多回护。

《三国志》是记载三国史实的重要史书，还记载了少数民族及邻国历史，如《魏志·倭人传》是日本古代史的重要史料。但《三国志》没有设立记述典章制度等方面的志，是其缺陷。

南朝宋的史家裴松之为《三国志》作注，简称裴注。裴松之（372～451），字世期，河东闻喜（今属山西）人，祖父时迁居江南。松之刘宋初官中书侍郎，奉命作《三国志注》，元嘉六年（429）奏上。他认为陈寿"铨叙可观，事多审正"，但"失在于略时有所脱漏"。所以裴注不仅解释地理名物等，尤其尽力补充史事，为《三国志》补遗纠错；同一事而有不同记述的，尽量录以备考；对于史事和人物也时加评论，或驳正陈寿议论的不当。裴注搜罗广博，引征完整，所用书达140余种，其中大多今已亡佚。故其史料价值不下于陈寿本书。裴注弥补了《三国志》原来记载简略的缺陷，开创了注史的新例，对研究三国历史具有重要的参考价值。

研究《三国志》及裴注者历代颇多，清代人用力最勤。中华民国时卢弼作《三国志集解》，可供参考。

## 《后汉书》

《后汉书》是纪传体东汉断代史。共120卷，包括纪10卷、传80卷、志30卷。纪、传为南朝宋范晔撰。志为晋司马彪撰，一般称《续汉志》。范晔，字蔚宗，顺阳（今河南淅川东南）人。生于晋安帝隆安二年（398），曾为刘裕之子彭城王刘义康的参军，累迁尚书吏部郎。宋文帝元嘉九年（432），因事触怒刘义康，左迁宣城太守，郁郁不得志，遂以著述为事，撰写《后汉书》。后又陷入刘义康与宋文帝刘义隆的权力之争，于元嘉二十二年遇害。司马彪，字绍统，晋宗室高阳王司马睦的长子，卒于晋惠帝末年。

范晔撰写《后汉书》以前，已经出现了多家后汉史作。东汉明帝至灵帝时，经过班固、刘珍、伏无忌、边韶、马日磾、蔡邕等几代人的相继撰述，写成了纪传体《东观汉记》，记载了东汉光武帝至灵帝的东汉史。此后，吴谢承和晋薛莹、司马彪、刘义庆、华峤、谢沈、张莹、袁山松、袁宏、张璠等都有著述。范晔在各家基础上，博采众书、斟酌去取，成一家之言。其中对《东观汉记》吸取尤多。他原拟效法《汉书》，撰写十志，但因被杀而未及完成。范书记事简明扼要，疏而不漏，后来居上。因此，它传世后，除袁宏《后汉纪》外，其他各家后汉史作相继失传。

《后汉书》纪、传的编次与《汉书》有所不同，纪的最后一篇是《皇后纪》，相当于《汉书·外戚传》。皇后由传入纪，袭自华峤《后汉书》。这一变化，固然与东汉女后多次临朝称制有关，但也出于对君权的尊崇。传于《汉书》之外创立了7篇类传，包括《党锢传》《宦者传》《文苑传》《独行传》《方术传》《逸民传》《列女传》。这些类传都是根据东汉社会的实际情况和思想风尚设置的，有的类传为后世纪传体史书所效法。志中《舆服志》为《汉书》所无。《汉书》有《百官公卿表》，记述西汉职官制度。司马彪改"表"为"志"，创立《百官志》，叙述东汉分官设职情况。这两篇志，后人修史多有因袭。志中未设《食货志》，漏载一代经济制度。后来《晋书·食货志》追述了前代经济状况，多少弥补了这一不足。

南朝梁刘昭第一个集各家后汉史书同异以注范书，并从司马彪《续汉书》中抽出志，也加以注释，补入范书。唐高宗之子李贤和张大安、刘纳言等为范书作注，征引广博，训释简当。李贤等人的注行世后，刘昭的范书注不被人重视，遂至散佚。司马彪志的注基本流传下来，仅缺《天文志》下卷和《五行志》第4卷的注。清惠栋作《后汉书补注》，多有创见。此后王先谦以惠栋注为主，吸取各家成果，撰《后汉书集解》，对旧注进行了一次清理。

今存最早刻本是南宋绍兴本，其中残缺 5 卷。商务印书馆曾将影印收入百衲本《二十四史》，所缺 5 卷补以别本残册。此外，明毛氏汲古阁本、清武英殿本也是较可靠的旧刻本。1965 年中华书局出版标点校勘本，采用商务印书馆影印的南宋绍兴本为底本，校以汲古阁本和武英殿本，并吸取了前人研究和校勘成果，是一个质量较好的本子。

## 《资治通鉴》

《资治通鉴》是中国古代第一部编年体通史巨著。北宋司马光撰。全书 294 卷，另有《目录》30 卷，《考异》30 卷。《资治通鉴》记载了周威烈王二十三年（公元前 403 年）到后周世宗显德六年（959）共1362 年的历史。

《资治通鉴》的编写分作三步：第一步把收集的史料，标明事目，按照时间顺序加以排列，力求完备，叫作丛目。第二步对丛目中的史料进行考辨，择其记述详尽者，重新编写，叫作长编。这两步工作都由协修人员担任。协修者有刘恕、刘攽、范祖禹三人。刘恕学识渊博，对《资治通鉴》的讨论编次，用力最多。刘攽于汉史、范祖禹于唐史，都有专深的研究。他们分工合作，各自做出了重要贡献。第三步由主编司马光就长编所载，考其同异，删其烦冗，修改润色，写成定稿。其中是非予夺，一出于光。

《资治通鉴》征引史料极为丰富，除十七史外，所引杂史、文集、实录、谱牒、家传、行状、小说等各种史料达数百种。书中叙事，往往一事用数种材料写成。歧异之处，均加考订，并注明斟酌取舍的原因，以为《考异》。《资治通鉴》具有相当高的史料价值，尤以《隋纪》《唐纪》《五代纪》史料价值最高。

《资治通鉴》是一部编年体的通史，按时间先后叙次史事，往往用追叙和终言的手法，说明史事的前因后果，以期使人得到系统而明晰的印象。它的内容以政治、军事的史实为主，借以展示历代君臣治乱、成败、安危之迹，作为历史的借鉴。但在叙述历代统治阶级活动的同时，也叙述了各族人民的生活与斗争。《资治通鉴》文字优美，叙事生动，历来与《史记》并列为中国古代之史家绝笔。

《资治通鉴》还选录了前人的史论97篇，又以"臣光曰"的形式，撰写了史论118篇，比较集中地反映了作者的政治、历史观点。《资治通鉴》对历史上有关图谶、占卜、佛道等宗教迷信，采取了批判的态度，是史学思想的重要进步。《资治通鉴》成书后，元丰八年（1085），范祖禹、司马康、黄庭坚、张舜民等奉命重新校订，元祐七年（1092）刊印行世。今元祐本已不可见。南宋高宗绍兴二年（1132）有余姚重刻本，亦多残缺。目前最好的版本是中华书局出版的标点本。注释《资治通鉴》的有南宋史炤《资治通鉴释文》和王应麟《通鉴地理通释》，而以胡三省《资治通鉴音注》最为详备。明末严衍著《资治通鉴补》，对《资治通鉴》和胡注都有所订正。

# 唐宋时期

## 《新唐书》

《新唐书》是记载中国唐朝历史的纪传体史书。北宋欧阳修、宋祁等奉敕修纂。225 卷，有本纪 10 卷，志 50 卷，表 15 卷，列传 150 卷。记载了唐代自高祖武德元年（618）至哀帝天祐四年（907）共 290 年的历史。本来和《旧唐书》一样也叫《唐书》，正式在卷首大题加"新"字作《新唐书》始于清武英殿本。但《新唐书》名称的出现则在成书后不久就有了，主要为了区别于《旧唐书》。

### ◆ 《新唐书》的撰修

北宋修《唐书》的原因，曾公亮在进《新唐书》表中已清楚说明，认为后晋所修《唐书》由于修撰者水平不高，书的质量差，所以要重修。庆历五年（1045）五月，宋仁宗下诏开局，由宋祁和欧阳修为刊修官主持编修。前期以宋祁为主，后期则多由欧阳修承担。参加编修的人先后变动很大，有吕夏卿、宋敏求、刘羲叟、范镇、王畴等人，其中不少人是唐史专家。加之欧、宋二人皆为能文之士，组成的写作阵营十分强大。分工是欧阳修撰纪、志、表，而他只完成了帝纪和志的一部分，律历、天文、五行诸志为刘羲叟、梅尧臣等人所作。宋祁撰写列传部分。嘉祐五年（1060）全书完成，由提举官曾公亮进呈。

《新唐书》纂修时，天下太平已久，文事正兴。旧时记载，多出于世。宋初文士，也各据见闻，撰述立说。因此《新唐书》的撰修者认为重修的《唐书》远胜于《旧唐书》，曾公亮进表所云"其事则增于前，其文则省于旧"，把"文省事增"作为《新唐书》的一大优点。认为《新唐书》所载史事，特别是晚唐时的史事，比《旧唐书》大为充实。但为了追求事增文省，也存在不少删节失当之处，如把《旧唐书》本纪里的诏令删掉，将列传原来文从字顺的文字和原来用骈体文写的诏令、奏议改成涩体，故这种"文省"是不对的，不但容易使原来史料走样，而且会丢失很多宝贵史料。

◆　《新唐书》较《旧唐书》新增的资料与类目

《新唐书》在承用《旧唐书》列传的同时增添了若干史料，并且增添了《旧唐书》所没有的列传，尤其《旧唐书》所最缺略的中晚唐人列传，这种"事增"值得肯定。列传多取材于传主的章奏或相关史料，如碑志石刻、杂史、笔记、小说等。新书诸志大多比旧志详细，共 13 志，其将旧书的仪礼、音乐 2 志并为《礼乐志》，另将旧书的《舆服志》改名《车服志》，《职官志》改名《百官志》，《经籍志》改名《艺文志》，历、天文、五行、地理、食货、刑法 6 志名称仍旧。这 13 志的撰写颇下功夫，不仅新创立《兵志》《选举志》和《仪卫志》3 个志，其他 10 个志也都重新写过。《食货志》由原来的 2 卷增至 5 卷，有关屯田、和籴、矿产、职田、俸料等方面的内容，亦为《旧唐书》所未载。《地理志》由 4 卷增至 8 卷，内容也有不少新增，记载了全国各地修筑河渠陂堰的情况，有助于了解唐代的农田水利；还详细记载诸道、州、县上贡土特产的情形；逐一开列各地所设军府、军、镇、守捉，反映了唐代的军事部署情况；集中叙述羁縻州，有助于了解唐代各少数民族的居住分布及边疆开发情况；又根据唐德宗时宰相贾耽的《皇华四达记》，扼要记述了唐朝与境外交通的七条道路，有助于了解唐代中原与少数民族地区以及和亚洲各国的友好交往。其《艺文志》增补了《旧唐书·经籍志》所缺的中唐以后的唐人著作，甚为重要。《兵志》记载了唐代兵制、马政，十分重要，可惜议论多而条理不甚清楚，史料也不够充实。《选举志》主要记载唐代官吏的来源、学校科举和官吏铨选、考核等方面的内容，将近 300 年的始末沿革理出头绪。旧书无表，《新唐书》恢复了《史记》《汉书》设表的传统，有《宰相表》3 卷、《方镇表》6 卷、《宗室世系表》2 卷、《宰相世系表》11 卷。这 4 表对唐代宰相的任免，地方藩镇势力的消长离合、宗室支派的兴衰，以及曾任宰相的姓族升降等情况，提供了必要的资料。其中《宰相世系表》尤有特色，颇便于稽查人物世系。但自宋代以来，不断有人指出其中的谬误与遗漏。

### ◆ 《新唐书》和《旧唐书》的比较与运用

《新唐书》和《旧唐书》在保存历史资料方面，各有所长。《旧唐书》保存了唐实录和国史的大量原始素材，《新唐书》文省事增，广泛利用宋人所能见到的各类史料，志的内容比较详细，又新增了表，补充了《旧唐书》的缺漏。然《新唐书》一味追求"文省"，导致史事的叙述时有舛误，颁行不久，就有吴缜《新唐书纠谬》指摘其失误。加之宋祁文字艰涩，不如《旧唐书》文字流畅。《本纪》和部分《列传》也过于简略。因此，两唐书的史料价值各有短长，利用时二者不可或缺。尤其应该注意的是，凡《新唐书》记事记言同于《旧唐书》处，必须引用《旧唐书》，因为《新唐书》的改写会有些走样。

◆ **主要版本**

《新唐书》最早刻于北宋仁宗时，现存 8 卷（每页 14 行）；另有北宋 16 行本，现存 124 卷；南宋刊 10 行本，现存 2 卷。涵芬楼百衲本《新唐书》即据上述诸书影印。清乾隆年间武英殿刊本流行较广。1975 年中华书局印行的校点本是以百衲本《新唐书》为底本，并参考其他刊本整理而成，其中《地理志》部分校勘最好，是目前最好的版本。

# 《新五代史》

《新五代史》是记载中国五代历史的纪传体史书。北宋欧阳修撰。共 74 卷，本纪 12 卷，列传 45 卷，考 3 卷，世家及年谱 11 卷，四夷附录 3 卷。记载后梁、后唐、后晋、后汉、后周五代（907～960）53 年的历史。原名《五代史记》，为与薛居正撰《五代史》相区别，故称《新五代史》。

在二十四史中，它是唐代以后唯一的私修史书。薛史五代分叙，该书则将五代融而为一。其本纪连叙五代，诏令全删去，事迹简净。传皆用类传，创立家人、死节、死事、一行、唐六臣、义儿、伶官、宦者、杂传等传目。专在某代为官者，则列入某代大臣传，如卷二一《梁臣传》；死节传、死事传均为忠臣事迹，但据忠诚程度分为二等列入两类传；唐六臣传皆唐末大臣助朱温篡唐者，名为唐臣，意在讽刺；杂传指历仕各代，无类可归者，实为贬斥。十国称为世家，并有《十国世家年谱》。关于典章制度，只有《司天考》（大体相当于历、天文、五行志）、《职方考》（主体为州属沿革表）二考，较简略。《四夷附录》记契丹、奚、吐浑、鞑靼、党项等族事迹。

该书文字简洁流畅，材料多本《旧五代史》，加以删削，并兼采小说、笔记资料，特别是十国部分，补充了薛史之缺，两书可互相参考。金章宗泰和七年（1207），明令立该书于学官，从此大行于世。书原有欧阳修门生徐无党注，多发挥义例。宋吴缜撰《五代史纂误》，纠举《新五代史》谬误，原本已佚，今辑存 3 卷，清人多有续补。清彭元瑞、刘凤诰《五代史记注》，引书 200 余种，皆可作此书的补充和订正。

《新五代史》传世旧本较多，著名者有：傅增湘、周暹递藏号称北宋实为南宋之残本；傅增湘藏南宋建阳刻本，卷十八《汉家人传》末有识语"庆元五年鲁郡曾三异校定"，正文小注有"曾三异校定曰"语，也可能是建阳重刻曾校本，百衲本即影印此本；杨守敬从日本购归的南宋小字本，贵池刘世珩玉海堂覆刻；元宗文书院本，《中华再造善本》影印。明南、北监本、汲古阁本、清武英殿本、崇文书局本等亦多见。1974 年中华书局点校本《新五代史》以百衲本为底本，参校明清诸本，2015 年出版修订本，又通校以宋元诸本，是较好的整理本。

## 《资治通鉴纲目》

《资治通鉴纲目》是中国南宋朱熹编撰的纲目体编年史。始纂于乾道八年（1172），其后一直在反复修订中，至朱熹去世而书未就，在其身后才刊行。关于《资治通鉴纲目》的作者尚存争议，一种说法认为《资治通鉴纲目》序与提要为朱熹所作，凡例为朱熹与弟子赵师渊商榷而定，纲目分注 59 卷主要出自赵师渊之手；另有一种观点认为朱熹是《资治通鉴纲目》的主要作者，他在完成初稿后，由弟子和助手蔡元定、李伯谏、张元善、杨伯起等分工编纂，赵师渊只协助朱熹完成了最后部分的修改工作。但无论如何，《资治通鉴纲目》的编撰目的与内容主旨无疑是出自朱熹，全书以"辨名分正纲常"为要旨，为弘扬"褒贬进退之防"而撰，是宋朝"义理史学"的集大成之作。

《资治通鉴纲目》首创"纲目体"，较之其他史著有两大特征：①在正文之前先撰详细的《纲目凡例》。《凡例》以"统系、岁年、名号、即位、改元"等与正统相关的关键词为题目，分19门137条，详细规定了《资治通鉴纲目》的编撰原则和书法义例。②效仿《左传》注《春秋》之法，以时间为顺序，记载一事，首先标列提要，用大字书写，顶格编排，即纲；之后叙述具体内容，用小字分注，低格编排，即目。

《资治通鉴纲目》在《资治通鉴》的基础上"别为义例，增损隐括"，并没有增加任何史料，其重点全在通过依据道德属性和"正统"地位，对历史事件作重新的排布和整理，达到"岁周于上而大道明矣，统正于下而人道定矣，大纲概举而鉴戒昭矣，众目毕张而几微著矣"的目的。故此书并不具有非常重要的史料价值。但在史学传播领域，《资治通鉴纲目》纲举目张，简明扼要，简洁流畅，明白易懂。且全书卷帙仅59卷，非常适合文化水平一般的读者阅读。故而此书完成之后，流传甚广，成为颇具代表性的通俗史学教本，后世模仿者众。但也因其所秉持的"忠孝节义"原则，对有损纲常关系的历史事实多有修订改正之处，其所维护的"君臣父子之教"也成为民间历史认识的基础，这在某种程度上，又束缚了史学的发展。

《资治通鉴纲目》在朱熹生前并未刊刻，至嘉定三年（1210）才由其门人李方子参订刻印，两年后方得刊行。此刻本未收入《纲目凡例》，至咸淳元年（1265），朱熹的门人王柏在金华刻此书时，才将《纲目凡例》收录。此外，传世宋刻本还有嘉定十四年的江西庐陵刻本等。明以后，《资治通鉴纲目》广为流行，版本颇多，有明弘治刻本、嘉靖刻本、赵府居敬堂刻本、陈仁锡评崇祯刻本等。陈氏评本又多出宋金履祥撰《资治通鉴前编》18 卷及《通鉴纲目续编》27 卷。另外，明代又有《通鉴纲目全书》，共 108 卷，包括《通鉴纲目》59 卷、《前编》18 卷、《举要》3 卷、《外记》1 卷、《续纲目》27 卷。清代主要有康熙内府刻本，此本是康熙皇帝依据陈仁锡评本亲加评定，故名《御批资治通鉴纲目》。其后附有《纲目前编》1 卷、《外纪》1 卷、《举要》3 卷、《续编》27 卷。此外，清代还有各书坊局翻刻本和石印本等多种版本。

# 元明清时期

## 《元史》

《元史》是记录中国元朝史事的纪传体史书。宋濂、王祎主编。全书 210 卷，包括本纪 47 卷、志 58 卷、表 8 卷、列传 97 卷。明洪武元年（1368），明太祖朱元璋下令编修《元史》。第二年，以左丞相李善长为监修，宋濂、王祎为总裁，赵埙等为纂修，于南京天界寺开局编写，仅用了 188 天，便修成了 159 卷。接着，于洪武三年重开史局，纂修除赵埙外，另召朱右等 14 人参加，用了 143 天续修成 53 卷。然后合前后两书，按本纪、志、表、列传厘分后，共成 210 卷。

《元史》成书早，保存有丰富的史料，但由于成书仓促，而且出于众手，出现了不少谬误，历来遭到学者们的非难。问题主要是：随得随抄、前后重复，失于剪裁；又不彼此互对、考订异同，时见抵牾。如本纪或一事而再书，列传或一人而两传。同一专名译名不一。史文译改，有时全反原意。沿袭案牍之文，以致《河渠志》《祭祀志》出现了耿参政、田司徒、郝参政等官称而不记其名。又据案牍编宰相年表，仅删去其官衔而不予考订，以致有姓无名。列传照抄碑志家传，取舍不当。改写纪年的干支，竟有误推一甲子六十年的情况；史料中没有具体庙号的皇帝，改写时弄错。纂修人对前代和元朝蒙古族的制度不熟悉，如宋朝各州另有军号、郡名，《地理志》述沿革，却写成某州已改为某军、某郡之类。所以清人钱大昕嘲笑"修《元史》者，皆草泽腐儒，不谙掌故"，因此下笔"无不羞谬"。

但是，作为研究元代历史的史料来看，《元史》比其他某些正史的史料价值更高。第一，元代的十三朝实录和《经世大典》已经失传，其部分内容赖《元史》得以保存下来。第二，《元史》的本纪和志占去全书一半，而本纪占全书近四分之一，《文宗纪》竟多达一年一卷。有人批评它不合定例，不知芟削。然而这种做法却起到保存上述失传史料的作用。列传部分，由于元代史馆的资料不完备，一些蒙古名臣往往因缺少资料而无从立传。如丞相见于表的有 59 人，而立传的不及一半。太祖诸弟、诸子仅各有一人有传，太宗以后皇子无一人立传。可是就见于列传的蒙古、色目人而言，其中有一小半人已没有别的史料可供参考，后世对这些当时有很大影响的历史人物的事迹只能通过《元史》才能了解。第三，纂修者违反修史的惯例，没有删去儒家学者认为不屑一提的史实，如佛事等，但这些内容正是反映元代一些重大社会内容的史实。此外如《地理志》附录河源、西北地、安南郡县等项，《祭祀志》附国俗旧礼，《食货志》增创岁赐一卷，这都是根据元代实际情况保留下来的重要史料。

书成不久，就有朱右作《元史拾遗》、解缙作《元史正误》。解缙还奉旨改修。清朝以后，不断有人重修《元史》。流传到现在的，有邵远平的《元史类编》、魏源的《元史新编》、曾廉的《元书》、柯劭忞的《新元史》、屠寄的《蒙兀儿史记》等，但它们都不能取代《元史》原书。

《元史》于明洪武三年（1370）冬刻成。嘉靖时南京国子监用洪武旧版重印，损坏的版页则重新补刊，称为南监本。1935年商务印书馆出版的百衲本《元史》，是以99卷残洪武本和南监本合配影印的，但其中有描修的错误。1976年中华书局出版了《元史》标点校勘本，以百衲本为底本，校对了北京图书馆藏原书、北京大学图书馆藏144卷残洪武本及其他版本。

《元史》（明递修本）

除本书互校外，又参考有关史料进行了校勘，并吸取了前人的考订成果，是目前较好的版本。

# 《明史》

《明史》是中国清代官修的记述明代历史的纪传体史书。清顺治二年（1645）开馆纂修明史，命内三院大学士冯铨、洪承畴等为总裁。但因清初战乱和各省碍于朝廷忌讳，资料收集不多，纂写工作实际并未进行。康熙十八年重开明史馆。清廷命徐元文为监修，翰林院掌院学士叶方蔼、右庶子张玉书为总裁，征汤斌等博学鸿儒 50 人，参与纂修。徐元文并约万斯同以布衣参与史局，同主其事。

万斯同为浙东史学名家，字季野，号石园，浙江鄞县（今宁波）人，博通诸史，熟于明朝典籍和掌故。纂修明史开始后，即发凡起例，拟类分题，分工编写。二十一年，又以汤斌、徐乾学为总裁。三十年史稿初就，凡 416 卷。但因初稿"缺而未全，涣而不一"，而未进呈。三十三年，复以张玉书、熊赐履为监修，陈廷敬、王鸿绪为总裁，继续纂修。王鸿绪延请万斯同、钱名世于家，委以修史之事，历时达 8 年之久。四十一年，万斯同卒。四十八年，王鸿绪以原官解任回籍，居家删润列传史稿，重加编次。成明史列传稿 205 卷，于五十三年进呈。后又取初稿之志、表和本纪，略作删改，连同列传稿，成《明史稿》310 卷，于雍正元年（1723）进呈。此即横云山人《明史稿》。同年七月，再开史馆，以张廷玉、朱轼为总裁。在《明史稿》基础上分工编纂、改定，十三年书成，乾隆四年进呈，付武英殿镂版，正式刊行，名《明史》。清修《明史》，先后历时 95 年始成，是中国历史上纂修时间最长的一部官修史书。

《明史》共332卷，包括本纪24卷、志75卷、表13卷、列传220卷，另有目录4卷。取材于《明实录》、《大明会典》、档册、邸报，以及文集、奏议、稗史、方志、传记等有关著述和材料，由于有著名史家万斯同等人的整理和考订，此书体例严谨，叙事清晰，编排得当，文字简明，引述的资料，具有较高的史料价值。《明史》体例多有不同于前代正史或其他史书者。《历志》中的图表，简便易明，为过去所未有；《艺文志》只记述明代著述，不同于前代正史；较前代诸史增加了《七卿表》；专立《阉党》《流贼》《土司》等列传。但《明史》的记事有些过于简略，如有关建州先世及其与明朝的关系及南明史事，因清朝文网密布，记

《明史》（清抄本）

载不详，且多失实之处；立传的人物也不够完备，且多回护之处。现通行的《明史》版本是乾隆四年的武英殿原刊本，1974年中华书局又据以校勘、标点，铅印出版。

## 《清史稿》

《清史稿》是记载中国清朝史事的纪传体史书。接续二十四史，稿本，赵尔巽主编。共529卷（原本为536卷）。计本纪25卷，共12帝；志135卷，共16类，其中《交通志》《邦交志》为前史所无；表53卷，共10类；传316卷，《畴人》《藩部》《属国》3传为新创。

1914年，中华民国北京政府在大总统袁世凯的批准下特设清史馆

编修清史，仿照二十四史，尤其是《明史》，至 1927 年基本完成，1928 年全部出版。史馆阵容齐整，总裁（后改称馆长）为赵尔巽，下设总纂、纂修、协修、征访等职。参与其事的有柯劭忞、王树枏、吴廷燮、缪荃孙、夏孙桐、金梁、朱师辙、张尔田、马其昶等百余人，此外还有 300 多人挂名任职。以当时可见的史料为基础，按传统史书体裁，详细叙述了清代的人物、史事及典章制度，是一部较为详备的大型清史著作。但由于仓促成稿，摘抄整合清代人之著述，缺少考辨，错误较多，历来被学术界认为是一部存在众多谬误和缺陷的史书。编纂者多系清朝遗老，顽固站在清朝统治者的立场上，对其统治大加褒扬，而对反清人物、史事如辛亥革命，则一概加以贬斥；编纂者来不及直接利用清宫中的大量档案，致使此书价值有所降低；此书未经复审核定便仓促成书，史实、人物、时间、地点多有错漏，列传疏漏尤多，存在"一人二传"现象，结构混乱。由于付印时只为初稿，又称未定稿，参见王鸿绪《明史稿》，取名为《清史稿》，加之差谬时见，因此未能作为正史得到当时官方的承认，中华民国时且曾被列为禁书。

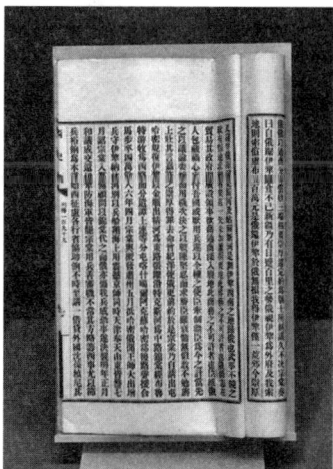

《清史稿》铅印本

《清史稿》在版本上有"关内本"及"关外本"之分。1928 年刊印时，共印 1100 部，其中 700 部存留北京，称为"关内本"。另 400 部由金梁携往东北发行，内容上增加了康有为传、张勋传、张彪附传，并附有金梁的《校勘记》，此本称为"关外一次本"。后经再版，撤销了张彪附传，新增陈黉举、朱筠、翁方纲3传，其他门类也略有抽改，此本称为"关外二次本"。还有上海联合书店"廿六史本"，依据"关内本"。1976年中华书局校点本以"关外二次本"为底本，对"关内本""关外一次本""关外二次本"互异之处均有附注，并录出异文，繁体竖排，共48册，首册为目录。台北"国史馆"著有《清史稿校注》，1999年由台湾商务印书馆出版，共16册，其中索引1册，可补《清史稿》之不足。

# 第3章

# 文学类

## 诗集类

### 《诗经》

《诗经》是中国第一部诗歌总集。简称《诗》，或称"诗三百"。

总共包括305篇作品。《诗》在战国时已经成为儒家经典，如《荀子·劝学》说到"始乎诵经"，其中就包括了《诗》。汉代《诗》学盛行，不同的传授家都有自己的传流行，于是《诗》有经、传之别。《史记·儒林列传》载："申公独以《诗》经为训以教，无传"，则知当时诗多有传，为和《诗》传分别，故有《诗经》之名出现。《汉书·艺文志》载《诗经》28卷，可见"诗经"一名最早见于西汉时期，并沿用至今。

《诗经》收录了自西周初期至春秋中叶（约公元前11世纪至前6世纪）大约500年间的诗歌，这些作品是由周王朝乐官在古代献诗、采诗制度基础上搜集、整理、选编而成。它分为《国风》《雅》《颂》3大部分。其中的《国风》是周南、召南、邶、鄘、卫、王、郑、齐、魏、唐、秦、陈、桧、曹、豳15个诸侯国的土风，包括了当地民众和贵族的歌唱，共160篇。《雅》是西周王畿地区的正声雅乐，共105篇，又分《大雅》

和《小雅》。关于大小雅的划分，学术界历来有不同说法。从作品内容看，《大雅》31篇，多用于诸侯朝会；《小雅》74篇，多用于贵族宴享。《颂》是统治阶级宗庙祭祀的舞曲歌辞，又分《周颂》31篇、《鲁颂》4篇、《商颂》5篇，共40篇。另有6篇，为《南陔》《白华》《华黍》《由庚》《崇丘》《由仪》。因《仪礼》载古人行礼，用笙演奏这些作品，故名笙诗。这些篇章仅存篇目，并无诗文。

《诗经》大致作于公元前11～前6世纪，但它反映的生活却远远超过这个范围：上至神话传说时代，下至春秋，这个时期的方方面面，特别是周代社会的各个阶级、阶层，社会生活的各个领域，乃至人们的精神和心理，都作了全方位的形象反映。它以特有的丰富性和广泛性成为那个时代的一部百科全书。

《诗经》不仅思想、内容丰富，而且艺术成就极高。《诗经》从真实生活和切身感受出发，在真实的基础上达到了思想内容与艺术形式的统一，形成了朴素自然的艺术风格。运用赋、比、兴的表现手法塑造诗歌艺术形象是《诗经》最具代表性的艺术方法。《诗经》最具代表性的结构就是复沓，即围绕同一旋律反复咏唱。《诗经》的语言优美生动、丰富多彩，具有很高的艺术成就。尤其是《国风》，它的语言是在民间语言的基础上经过精细的锤炼加工，既有民间语言的朴素、明快，又有文人语言的典丽、严整，形成了一种准确、鲜明、优美、生动，具有很强表现力的文学语言。

《诗经》是中国文学的光辉起点，也是文学史上的一座高峰，对后世文学的发展产生了深刻影响：①确立了中国文学的抒情传统。②真实反映时代的社会生活。③赋、比、兴等创作手法的创立。此外，《诗经》中所塑造的艺术形象如故国黍离、黄昏怀人以及秋水伊人等也给后代的创作提供了启示。

## 《楚辞》

《楚辞》是战国时期楚国文学总集。西汉刘向辑，东汉王逸章句。原收楚人屈原、宋玉及汉代淮南小山、东方朔、王褒、刘向等人的辞赋共十六篇，后王逸增入己作《九思》，成十七篇。该书以屈原的作品为主，其中《离骚》《九歌》《天问》等篇保存了较多的历史资料和神话传说，可供治史者参考。屈原（约前339～约前278），名平。初任楚怀王左徒、三闾大夫。因主张彰明法度，举贤授能，联齐抗秦，受怀王稚子子兰及靳尚等人谮毁而革职。顷襄王时，屈原被放逐，他无力挽救楚之危亡，又无法实现政治理想，遂投汨罗江而死。《离骚》是屈原的代表作。这篇宏伟的政治抒情诗表现了作者的进步理想，为实现理想而进行的不懈斗争，以及斗争中所遇到的挫折和苦闷。屈原常常征引历史以抒发情怀，从中寻找经验教训，"上述唐、虞、三后之制，下序桀、纣、羿、浇之败，冀君觉悟，反于正道而还己也"。其中有些地方可以和史书互相参证补充，例如《离骚》云："启九辩与九歌兮，夏康娱以自纵。不顾难以图后兮，五子用失乎家巷。羿淫游以佚畋兮，又好射夫封狐。固乱流其鲜终兮，浞又贪夫厥家。浇身被服强圉兮，纵欲而不忍。日康娱以自忘兮，厥首用夫颠陨。夏桀之常违兮，乃遂焉而逢殃。"此段所述夏代历史相当完整，可与《左传》互相参看，而补《史记·夏本纪》不言羿、浞之事的疏漏。此外，从《离骚》中关于羲和、望舒、飞廉、丰隆、宓妃的记述，也可窥见上古神话传说的一斑；而"摄提贞于孟陬兮，惟庚寅吾以降"，则是考证古代天文历法的资料。

《九歌》本为古代乐歌，相传是夏启从天上偷来的。屈原在民间祀神乐歌基础上创作的《九歌》，袭用了古代乐歌的名称，共十一篇。其中保存了关于云神、山神、湘水神、河神、太阳神等的神话故事，是研究上古民俗和楚文化的珍贵资料。

《天问》是一首长诗，它对自然宇宙和社会历史提出的一百七十多个问题中，保存了许多神话传说和古史资料。例如，关于鲧、禹治水的传说所提出的一系列问题，就涉及鲧和鸱龟的关系，禹和鲧治水方法的不同，禹治水时曾得应龙之助，禹娶涂山氏女等细节；关于后羿的传说所提的问题又涉及后羿射日，射河伯而妻雒嫔，被寒浞杀害等细节。关于商之始祖契，以及自契至汤的历史，文献资料十分缺乏。《天问》透露了许多关于这段历史的重要线索，其中涉及契、王季、王亥、王恒、上甲微等殷人先公先王的内容，尤为宝贵。

## 《乐府诗集》

收集中国上古至五代各种乐府诗最为完备的一部诗歌总集。

所收作品以汉魏至隋唐的乐府诗为主，全书共 100 卷，北宋郭茂倩所编。郭茂倩，字德粲（《宋诗纪事补遗》），北宋郓州须城（今山东东平）人。《四库全书总目提要》中称"《建炎以来系年要录》载茂倩为侍读学士郭褒之孙、源中之子。其仕履未详。本郓州须城人。此本题目曰太原，盖署郡望也"。陆心源《仪顾堂续跋》亦提到郭茂倩云："茂倩字德粲，东平人，通音律，善篆隶，元丰七年河南法曹参军"（胡玉缙《四库全书总目提要补正》引），可知他主要生活在北宋后期。

"乐府"之名始于秦代，至汉武帝时正式设立"乐府"为专职掌管音乐的政府机构。乐府的具体任务是制乐谱曲，收集歌词和训练乐工，以便在朝廷宴饮或祭祀时演唱。后来，人们将乐府机关采集的诗篇称为乐府，或称乐府诗、乐府歌辞。汉末至隋唐，许多诗歌的乐谱虽然失传，但是乐府诗的形式却相沿下来，并被大量诗人效仿创作，于是乐府便逐渐由官府名称演变成了诗体名称。唐人作乐府诗，有的沿用乐府旧题以写时事，有的"即事名篇，无复依傍"，甚至自制新题以反映现实生活。

《乐府诗集》将所收乐府诗分为郊庙歌辞（12卷）、燕射歌辞（3卷）、鼓吹曲辞（5卷）、横吹曲辞（5卷）、相和歌辞（18卷）、清商曲辞（8卷）、舞曲歌辞（5卷）、琴曲歌辞（4卷）、杂曲歌辞（18卷）、

宋刻本《乐府诗集》
卷一中的"郊庙歌辞"

宋刻本《乐府诗集》
卷一十六中的"鼓吹曲辞"

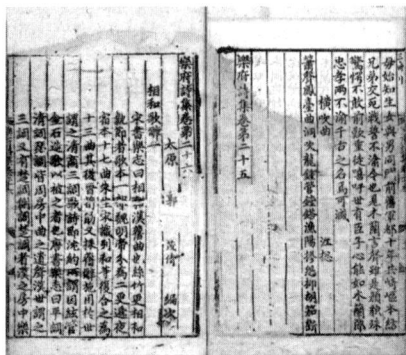

宋刻本《乐府诗集》
卷二十六中的"相和歌辞"

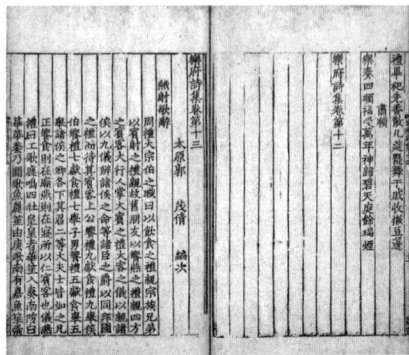

宋刻本《乐府诗集》
卷一十三中的"燕射歌辞"

近代曲辞（4卷）、杂谣歌辞（7卷）、
新乐府辞（11卷）共 12 大类，每
类分为若干小类。如鼓吹曲辞又分
汉铙歌、魏鼓吹曲、吴鼓吹曲、晋
鼓吹曲、晋凯歌、宋鼓吹铙歌、齐
随王鼓吹曲、齐鼓吹曲、梁鼓吹曲、
隋凯乐歌、唐凯乐歌、唐凯歌、唐
鼓吹铙歌 13 小类；横吹曲辞又分

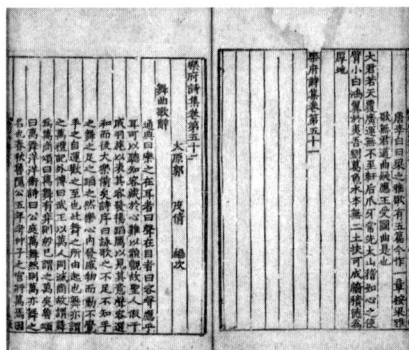

宋刻本《乐府诗集》
卷五十二中的"舞曲歌辞"

汉横吹曲、梁鼓角横吹曲 2 小类；相和歌辞又分为相和六引、相和曲、
吟叹曲、四弦曲、平调曲、清调曲、瑟调曲、楚调曲、大曲 9 小类；清
商曲辞又分为吴声歌曲、西曲歌 2 小类。这 12 大类概括而不疏简，详
明而不烦琐，比较清晰地反映出乐府诗的全貌，为后世编录乐府诗者提
供了范例。但是，近世学者对郭茂倩的分类亦有提出异议者，如梁启超
提出应分"郊庙""燕射""鼓吹""横吹""相和""清商"及"杂
曲"七类（《中国之美文及其历史》）。

在这些不同的乐曲中，郊庙歌辞和燕射歌辞属于朝廷使用的乐章，思想内容和艺术技巧都较少可取的成分。鼓吹曲辞和舞曲歌辞中也有一部分作品的艺术价值不高。但总体来说，《乐府诗集》所收的诗歌，多数是优秀的地方民歌和文人用乐府旧题所作的诗歌。

从编排体例上来看，每个题目下以古辞居前，拟作居后，使得同一曲调下诸多风格的作品都收录完备，不相沿袭。收录的古辞大多前列本辞，后列他人改编，由此可以考知谁为本源，谁为模拟，后人增字减字也一目了然。其中的声辞合写、不可训诂的地方，都在题下一一注明。另外，每一诗题下都有解题，这些解题追溯诗题源流、叙述诗题流变、征引各类文献、阐明诗歌主旨，对后世的文人乐府诗创作产生了巨大影响，更为研究乐府诗提供了极大的便利，具有很高的价值。故《四库全书总目提要》称赞其："诚乐府中第一善本。"

《乐府诗集》的重要贡献是把历代歌曲按其曲调收集分类，使许多作品得以汇编成书，这为乐府诗歌的整理和研究提供了很大的方便。例如，汉代一些优秀民歌如《陌上桑》《东门行》等见于《宋书·乐志》，《孔雀东南飞》见于《玉台新咏》，还有一些则散见于《艺文类聚》等类书及其他典籍中，经编者收集加以著录。特别是古代一些中国民间谣谚，大抵散见各种史书和某些学术著作，杂歌谣辞一类所收多为前所忽视者。至于后来杜文澜的《古谣谚》等著作，则远比此书为晚，显然是在它的基础上编纂的。

值得注意的是，《乐府诗集》对各类乐曲的起源、性质及演唱时所使用的乐器等都作了较详细的介绍和说明。书中在说明时还征引了许多业已散佚的著作，如刘宋张永的《元嘉正声伎录》、南齐王僧虔的《伎录》、陈释智匠的《古今乐录》等书，使得许多珍贵的史料得以保存。这对文学史和音乐史的研究都有极重要的价值。但其中有一些可能出于传闻，未可完全信从。

《乐府诗集》收录了许多优秀的民歌及文人乐府诗，内容丰富，反映了广阔的社会生活画面。在这些诗歌中，有对统治阶级残酷统治的抗议，有对社会各种弊端的揭露，有对妇女悲惨命运的泣诉，还有对男女自由爱情的向往等等，体现了乐府民歌强烈的社会认知价值和高度的思想性。其中的《木兰诗》和《孔雀东南飞》堪称乐府诗中的"双璧"，艺术价值极高。《木兰诗》是一曲传奇式的女性英雄主义赞歌，叙述的是少女木兰代父从军的故事，她巾帼不让须眉，建立了赫赫战功，最后又鄙弃荣华，谢绝高官，毅然回到亲人身边，重叙家人团聚的天伦之乐。她乔装十年，驰骋沙场的传奇经历和洋溢全诗的高昂的英雄主义精神，带有浓厚的浪漫主义色彩。《木兰诗》的民歌风格非常浓厚，它以民歌中的铺陈为基础，按时间顺序描写。质朴俚俗的语调，读起来朗朗上口；生动活泼的描写，更使人百读不厌。民歌常用的"起兴""顶真""复叠""比喻""夸张""问答"等修辞手法，都运用得妥帖恰当。《木兰诗》对后世的影响极大，可谓家喻户晓。《孔雀东南飞》最早见于《玉台新咏》，题为《古诗为焦仲卿妻作》。这首诗描写的是封建家长制度造成的婚姻爱情悲剧，主要讲述了焦仲卿、刘兰芝夫妇受焦母的强横要求被迫分离并双双自杀的故事，控诉了封建礼教的残酷无情，歌颂了焦、刘夫妇的真挚感情和反抗精神。全诗长达 353 句，1785 字，在乐府中独一无二，在古代诗歌史上也极为罕见，堪称"长诗之至"（王世贞《艺苑卮言》）。不仅在篇幅上独步当时，而且在情节上引人入胜。一般的叙事乐府诗大多仅仅截取生活的某个侧面，缺少完整的故事情节，而本诗的故事相当完整。在情节的安排上，则有简有繁，详略得当。本诗三分之二的篇幅是写人物对话，而且个个符合人物身份，极具个性化的口吻，成功塑造了刘兰芝、焦仲卿、焦母、刘兄、刘母、媒人等六七个人物形象及不同性格。这首诗在艺术上无疑是乐府诗的一座高峰。

《乐府诗集》版本以北宋末南宋初浙江刻本为最早。元代有至正元年（1341）集庆路儒学刊本，此本一直递修刷印到明代。明代有明末毛晋汲古阁刊本，汲古阁本据元本雕造，毛晋身后其子毛扆又据宋本挖改，故汲古阁本早印本传世少而后印本则文字佳。清代仅有坊间翻刻汲古阁本，清末崇文书局以毛扆本为底本刊刻。

## 《唐诗三百首》

中国唐诗选集。

清代孙洙（1711 ～ 1778）选编。洙字临西，号蘅塘退士。无锡（今属江苏）人。乾隆十六年（1751）进士，曾官知县，著有《蘅塘漫稿》。

全书6卷，或作8卷。入选77人，诗310首（四藤吟社本增补杜甫《咏怀古迹》3首），按五言、七言古近各体编排。原是为童蒙学习诗歌而编的一个"家塾课本"。编者汲取了《千家诗》易于成诵的优点，而补其不足，"专就唐诗中脍炙人口之作，择其尤要者"（《自序》）。这一以简驭繁、广收名篇的编辑方针，使作品达到老幼皆宜、雅俗共赏的效果，成为一部家弦户诵、影响久远的读物。所收诗歌虽然只占唐代诗人、诗歌总数的很小一部分，但大多数重要作家都已收入，重点突出了杜甫，其次是王维、李白、杜牧、李商隐，也照顾到存诗不多的作家以及不同的风格流派。七绝选录李商隐、杜牧多于盛唐之作，不囿于诗必盛唐的成见。选集大体上反映了唐代诗歌的总体风貌和高度成就。但反映现实的诗歌入选较少，也误收了个别非唐人诗，其中张旭《桃花溪》实为北宋蔡襄所作。

此书成于乾隆二十九年（1764），刻本、注评本和续作都很多。注本有道光中陈婉俊注四藤吟社本、光绪中章燮注宛委山庄本等。今人喻守真有《唐诗三百首详析》，金性尧有《唐诗三百首新注》，陶文鹏有《唐诗三百首新译》。

## 《宋词三百首》

中国宋词选集。清代上彊村民辑。上彊村民即晚清四大词人之一的朱祖谋。此书实为朱祖谋与况周颐共同编选，三易其稿，方始成书。初选宋代词人86家，词作312首，刻本入选宋代词人87家，词作300首，后又重编，删定为81家283首。全书不分卷，以人编次，依旧例，首列帝王宋徽宗词，末为李清照词，其他词人则依时代先后排列。朱氏选词，以浑成为旨归，宋词名家及其代表作俱已录入，即使是次要作家如时彦、周紫芝、韩元吉、袁去华、黄孝迈等人之浑成词作，亦广泛采及，不弃遗珠。

此书先以白文本刊行，流传不广，后因唐圭璋笺注本问世，遂风行海内外。凡词人生平事迹、词作本事、前贤品藻，唐笺皆详加笺证。吴梅序谓唐笺有三大优点："卷中所录半负盛名，顾如时彦名闻不著，圭璋爬梳遗逸，字里爵秩，粲然具备，其善一也。采录诸词，脍炙人口，诸家评骘，有如散沙，圭璋博收广采，萃于一编，遗事珍闻，足资谈屑，其善二也。彊村所尚，在周邦彦、吴文英二家，故清真词录二十二首，梦窗录二十五首，其义可思也。圭璋汇列宋以后各家之说，力破邦彦疏隽少检、梦窗七宝楼台之谰言，其善三也。"

有中华民国十三年（1924）初刊本；唐圭璋笺注《宋词三百首笺注》，上海神州国光社 1934 年初版，1947 年再版，中华书局上海编辑所 1958 年修订再版，此后上海古籍出版社又多次重印。

# 戏曲类

## 《西厢记》

《西厢记》是中国元代杂剧作家王实甫的代表作。

### ◆ 作者与版本

关于《西厢记》的作者，从元末到明初从未出现异议，周德清《中原音韵》、钟嗣成《录鬼簿》、贾仲明〔凌波仙〕吊词和朱权《太和正音谱》均署于王实甫名下。逮至明成化、弘治以来，始有关汉卿作、关作王续、王作关续等各种说法，但都没有提出可靠的证据。

在中国古典戏曲文学中，《西厢记》是流传最广、版本最多的一部。据不完全统计，仅明清两代的刊本就有 200 余种。这些刊本大部分都有评点、注释、校订、音释和附录等，同时使用名家插图、朱墨套印、巾箱本等方式装饰书籍。其中流传较广的著名刻本，如明万历八年（1580）刊徐士范《重刻元本题评音释西厢记》、万历四十年刊王骥德《新校注古本西厢记》、天启间刊凌濛初校《西厢记五本解证》；清顺治间刊金圣叹《贯华堂第六才子书西厢记》、毛奇龄校订本《毛西河论定西厢记》等。其中金圣叹评点本影响最大，问世 200 余年里一枝独秀，直到清末民初，凌濛初本《西厢记》才逐渐取代金圣叹本，成为比较通行的版本。

《西厢记》（明凌濛初刻本）书影

中华人民共和国成立后，出版有王季思校注的《西厢记》（1954）和吴晓铃校注的《西厢记》（1954）。近代以来还出版有拉丁文、英文、法文、德文、意大利文等各种外文介绍与译本。

《西厢记》故事起源于唐人元稹传奇《莺莺传》，写唐贞元年间寄居普救寺的少女崔莺莺与书生张生从恋爱到感情褪色，并最终被抛弃和诋毁的悲剧故事。北宋时期，崔、张爱情故事广泛流传，《太平广记》中收录有《莺莺传》，秦观、毛滂各有以崔、张故事为内容的《调笑转踏》。赵令畤创作说唱《商调蝶恋花鼓子词》。南宋时，民间说话中已有《莺莺传》名目；皇都风月主人的《绿窗新话》收录小说《张公子遇崔莺莺》；周密《武林旧事》所载"官本杂剧段数"中又有"莺莺六幺"。自宋及金，崔、张故事代代相袭，未曾间断。

金章宗时期董解元创作《西厢记诸宫调》（世称《董西厢》，又称《西厢弹词》或《弦索西厢》），共14宫调193套组曲，讲唱崔、张恋爱婚姻的全过程，在主题、情节、人物等方面都作了脱胎换骨的再创造。将主题上升到挣脱封建礼教、争取婚姻自主的高度；人物形象也都显示出鲜明的性格特征；语言生动泼辣，通俗流畅，一些词句甚至直接为王实甫借鉴，被誉为"字字本色，言言古意"（胡应麟《少室山房笔丛·庄岳委谈》）。《董西厢》为王实甫的创作奠定了坚实的基础。元成宗元贞、大德年间，王实甫兼容南北戏曲长处，吸收各种崔、张故事的优点，创作了杂剧《西厢记》（世称《王西厢》或《北西厢》）。

◆ **思想主旨**

历史上对《西厢记》主题有多种解读，其对情与欲

《北西厢记》插图（玩虎轩本）

正当合理的肯定曾被诋毁者打上"诲淫"烙印。五四运动以来研究者普遍认为《西厢记》表现了反封建的主题思想，揭露了封建礼教对青年男女自由幸福的摧残，歌颂了青年男女对爱情的追求及其斗争的胜利，表达了"愿普天下有情的都成了眷属"的理想。相对于《西厢记诸宫调》在篇末提出的"从今至古自是佳人合配才子"主张，"愿普天下有情的都成了眷属"显然更有进步的社会意义和深刻的现实价值，更能引起广泛共鸣。整部《西厢记》杂剧都是围绕这个主题发展的，崔、张以爱情

为基础自主选择婚姻，并始终将爱情置于功名利禄之上，否定和反抗单纯以门第、财产和权势为条件的择偶标准。

《西厢记》"反封建反礼教"的主题是被充分生活化的，是借高超的艺术手段自然传达出来的，不可过分拔高。王实甫并没有对封建制度本身提出异议，也很少直接从观念的冲突上着笔，而是描写生活中的人物，描写在特定情境下志趣相投的两个青年男女相爱的不可避免性，随之而来的情与欲的不可遏制与正当合理性，以及对自由爱情的渴望与出于利益考量的家长之间冲突的必然性。应当说《西厢记》是属于中国古代反封建文化的一个组成部分。

### ◆ 艺术特色

《西厢记》卓越的艺术成就，主要集中在人物形象塑造、戏剧结构和语言特色三个方面。

#### 人物形象塑造

《西厢记》中的莺莺、张生、红娘和老夫人都是概括性很强而又个性鲜明的典型人物。莺莺始终渴望着自由的爱情，对张生一直抱有好感。她既是封建礼教的叛逆者，又是一个矜持沉静的贵族小姐。她

崔莺莺画像
（《百美新咏图传》插图）

早已许配郑恒，却与有着共同经历与文艺素养的张生一见倾心，对身份的自矜、对母亲的惧怕、对红娘的猜疑和对爱情的试探，使她常常处于前后矛盾的行动之中。作品令人信服地揭示了这位贵族小姐由青春觉醒

到自觉地走上叛逆道路的曲折过程。

张生是带有元代"浪人才子"特性的"风魔""傻角儿"。与《莺莺传》和《董西厢》相比，《西厢记》中的张生更多地具有反叛礼教、崇尚自由、淡薄荣禄、唯情是求的可贵品格。痴情和乐观是他的主要性格特征。老夫人的"赖婚"机诈和莺莺的"赖简"犹豫，既使张生备受打击而"智竭思穷"，又凸显了他痴情、志诚的性格特征。

红娘是《西厢记》中一个十分重要的角色，全剧 21 折，有 8 折由红娘主唱。她出身微贱，心地善良，极富正义感和成人之美的侠义心肠。对崔、张因佛寺邂逅而培植起来的爱情，她先是作局外观，后由同情到主动牵针引线。虽蒙受种种误解和责难，仍义无反顾地奔波牵引，竭尽全力玉成其事。这种不计个人得失、勇于承担责任、临危不惧、挽狂澜于既倒的机智和勇气，是古代社会中至为宝贵的人格精神。正因为这样，红娘一直被视为人间爱情婚姻的光荣使者，受到人们普遍的喜爱。

老夫人是处在崔、张和红娘对立面的人物，是门阀利益和封建礼教的维护者，是封建家长意志的代表。僧人惠明的豪爽和叛逆性格也是别具特色的，他不理会佛门的斋戒、杀戒，鄙视佛门中的庸僧。在孙飞虎兵围普救寺时，他一人挺身而出去搬救兵，实际上成全了崔、张婚姻。这个豪侠勇武的僧人形象，丰富了《西厢记》所描写的人物群像。

### 戏剧结构

体制宏大、结构严谨是《西厢记》显著的艺术特色之一。《西厢记》共有 5 本 21 折，大大突破了元杂剧 1 本 4 折和 1 人主唱的通例，为充分展开戏剧冲突、细致刻画人物性格提供了广阔的艺术空间。

贯穿《西厢记》全剧的戏剧冲突，是崔、张由一见钟情的爱恋发展而来的自主婚姻理想与门第婚姻观念、礼教禁忌的紧张对峙。它在剧中表现为并行交织的两条线索：一是以崔莺莺、张生、红娘为一方同以相国夫人（包括郑恒）为另一方的冲突线；二是崔、张、红三者之间的冲突线。两条冲突线的相互制约、交错展开，既形成了《西厢记》扣人心弦的戏剧性，也以紧张激烈的戏剧冲突形式显示了作品主题的深刻性和超前性。

全剧总体的结构安排，由悲、欢、离、合四个大情节段落搭配而成。第一段从"惊艳"到"赖婚"，写崔、张爱情由"惊艳""酬韵""寺警"朝向婚姻之喜发展，却遭遇被赖婚的意外之悲。第二段从"琴心"到"酬简"，写崔、张好事多磨，幽会同居之欢。第三段从"拷红"到"送别"，写崔、张离愁别恨。第四段则写张生得官，击败郑恒，夫妻团圆。悲欢离合不仅是古人对人情世态的概括，也是中国戏曲常用的一种结构类型，四个情节段落相反相成，戏剧性也就在这种反跌突转中凸显出来。

### 语言特色

《西厢记》的语言特色是文采与本色双美。抒情叙事情景交融、准确自然，极具概括力和形象性；写人则形神兼备，毕肖其口，让人如同目见耳闻。其整体语言风格有"花间美人"之赞（朱权《太和正音谱》）。

《西厢记》中的景物描写带有浓郁的抒情意境，与人物的心理和戏剧情境相得益彰，整体上可视为一首抒情长诗。其语言魅力还突出体现在心理描写上，王实甫利用唱词特有的全知视角，纤毫毕现地呈现人物的心理世界。如第一本第二折以八支曲子剖白张生为单相思所困扰的心境，《长亭送别》一折，将离别的幽怨、痛苦、牵挂、期待等缠绵悱恻的情怀毫无保留地一一诉出。人物语言则具有非常鲜明的个性化特点，无论曲词宾白都切合人物身份和性格。莺莺的聪慧沉静、温柔妩媚，张生的爽朗热烈、真诚憨厚，红娘的机智泼辣、善解人意，老夫人的道貌岸然、口不应心，以及惠明的粗犷豪爽、郑恒的粗鄙奸诈等，都表现得恰如其分。

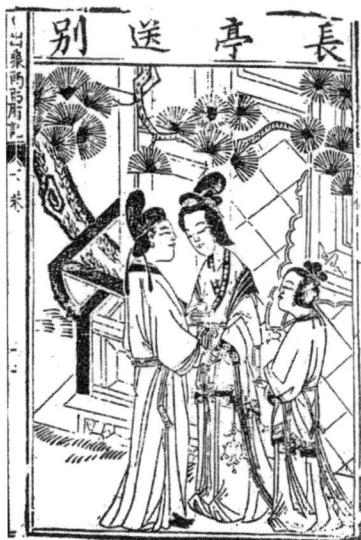

《西厢记》片段，
《长亭送别》插图

　　《西厢记》这种语言风格的形成，得益于对古典诗歌尤其是唐宋词抒情写意功能的熔铸和提炼，对《董西厢》也多有吸收借鉴。如《长亭送别》一折中，名曲〔正宫〕《端正好》前半借鉴范仲淹〔苏幕遮〕词"碧云天，黄叶地，秋色连波，波上寒烟翠"，后半则熔铸苏轼〔水龙吟〕词"细看来，不是杨花，点点是离人泪"与《董西厢》曲"君不见满川红叶，尽是离人眼中血"。除此之外王实甫还注重从民间口语、俚语中汲取营养，化旧为新，创造出华美与通俗各臻其致而又妙合无间的戏曲语言。

### ◆ 影响

　　《西厢记》代表了元代爱情婚姻杂剧的最高水准，是中国文学史上优秀的作品之一。对后世影响之大，为古典剧作之冠，在中国戏曲史和文学史中占有重要地位。元末明初贾仲明称赞它为"新杂剧、旧传奇,《西厢记》天下夺魁"(《录鬼簿续编》)。明代普遍尊其为"春秋"(李开先《词谑》),将《西厢》与经典并列。明代王世贞认为"北曲固当以《西厢》压卷"(《曲藻》)。清代金圣叹则赞王实甫为"天地现身"(《第六才子书西厢记》)。其关目安排、人物塑造和场面营造等也成为后世戏剧创作的典范,郑德辉《㑇梅香》(被称为《小西厢》)和《倩女离魂》、高濂《玉簪记》、孟称舜《娇红记》、李渔《风筝误》等都在不同程度上受到《西厢记》的影响。其思想倾向也被《牡丹亭》《红楼梦》继承,成为主人公性格塑造和思想表达的重要部分。

《西厢记》演出剧照
(左起:梅兰芳、尚小云、程云艳)

## 《牡丹亭》

《牡丹亭》是中国明代传奇作品。汤显祖撰。有多种传本,1963 年人民文学出版社出版了徐朔方、杨笑梅校注本。《牡丹亭》是汤显祖的代表作,也是其思想和艺术臻于成熟时期的作品。杜丽娘是南安太守杜宝的女儿,私游后花园,随后困倦入梦,在梦中和书生柳梦梅幽会。梦醒后回思梦境,对梦中情郎一往情深,从此一病不起,自画小像而逝。杜宝升官离任,柳梦梅进京赴试,借宿杜府。他在后花园中拾得杜丽娘的自画像，与画中人的阴灵幽会，又掘墓开棺，杜丽娘得以起死回生，两人结为夫妇，同往临安。柳梦梅在临安会试高中状元，但杜宝强迫杜丽娘与柳梦梅离异。纠纷闹到皇帝面前，问题得到圆满解决。

昆曲《牡丹亭·还魂》剧照

明代话本短篇小说《杜丽娘慕色还魂》为《牡丹亭》提供了基本的故事情节，汤显祖对此进行了创造性的改造，把小说中的传说故事同明代社会现实生活结合起来，使之成为一部表现时代风貌、具有浪漫主义精神的杰作。《牡丹亭》把反封建的"情"（包括爱情和情欲）与封建的"理"作为对立物提出，这是对封建礼教的有力批判。它既是戏剧冲突的基础，也是人物形象刻画的依据。

剧中杜丽娘这个女主角是古典戏曲中可爱的少女形象之一。她的出身和社会地位规定她应该成为具有三从四德的贤妻良母。但具有讽刺意味的是，她在家塾中上的第一课是《诗经》首篇《关雎》，她直觉地认出这是一首恋歌。《惊梦》和《寻梦》是杜丽娘郁积在心中的青春热情的爆发，也是她用行动对现实世界进行的反抗。《牡丹亭》深刻地揭示出杜丽娘不是死于爱情的被破坏，而是死于对爱情的徒然渴望。通过杜丽娘的形象，《牡丹亭》表达了青年男女要求个性解放，要求爱情自由、婚姻自主的愿望，暴露了封建礼教对人们幸福生活和美好理想的摧残。男主人公柳梦梅是一个既富于反抗性，又带有现实烙印的晚明士子形象。他的反抗性在同以杜宝为代表的封建势力的冲突中得到精彩表现，如在《硬拷》中，面对杜宝的淫威，他拒不认"奸盗"之罪，而且将自己与杜丽娘的私情宣告于公堂之上。他在公堂上唱的那支《雁儿落》，无疑是对封建清规戒律和杜宝这类卫道士的无情嘲弄和大胆挑战。但是，柳梦梅形象也有不可避免的缺陷。对杜丽娘，他的言行举止也带有风流才子的轻佻。

昆曲名流在京同台演出《牡丹亭》

杜丽娘的父亲杜宝是封建统治阶级的所谓正派人物。他认为封建礼教是天经地义的，这导致他对女儿既压迫又慈爱的矛盾态度。塾师陈最良是一个青春年华被科举制度所牺牲、思想被封建教条所束缚的老学究典型。胡判官是最独特的人物，与他同时出现的是阴森凄惨的地府。他和阳世的院判一样贪赃枉法，他对爱情的敌意也和阳世的封建统治者如出一辙。从杜宝、陈最良、石道姑到胡判官，从阳世到阴间，作品描写了杜丽娘生活于其中的整个腐朽世界，作品在广阔的画面上对封建社会进行了讽刺和批判。

《牡丹亭》的语言是为塑造典型人物服务的。脍炙人口的《惊梦》《寻梦》描写春日园林，使人如亲历其境，既揭示出杜丽娘内心深处的秘密，又切合她的身份。如果说《牡丹亭》典丽的曲文在描写杜丽娘时获得了极大的成功，那么它的说白在陈最良身上最能显示出自己的特色。《牡丹亭》问世后所引起的当时和后来许多女性的强烈共鸣，在中国古代文学作品中是空前绝后的。扬州女子冯小青读《牡丹亭》绝句和汤显祖本人《哭娄江女子》的产生，以及清代《吴吴山三妇合评牡丹亭还魂记》的出现，就是其中有代表性的几例。

## 《桃花扇》

《桃花扇》是中国清代传奇作品。孔尚任撰。初刊于康熙四十七年（1708）。后有兰雪堂本、西园本、暖红室本、梁启超注本等。创作开始于孔尚任未出仕时。历经十余年惨淡经营，三易其稿而成。

### ◆ 思想内容

《桃花扇》选取南明王朝从建立到覆亡的这段历史作为创作背景，描写"朝政得失，文人聚散"（《凡例》），"借离合之情，写兴亡之感"（《先声》）。通过复社文人侯方域与秦淮名妓李香君的爱情故事，形象地表现了南明弘光王朝覆亡的历史。侯方域

《桃花扇》插图（清同治彩绘本）

题诗宫扇赠李香君，二人相恋。阉党马士英、阮大铖欲与侯方域结交，通过画家杨龙友表示愿代出资促成侯、李的结合。李香君怒斥马、阮，侯方域受到她的激励，亦对此事加以拒绝。李自成攻陷北京，马士英、阮大铖等迎立福王，阉党复得势，对复社文人进行迫害。武昌总兵左良玉率军东下，朝野震动，侯方域修书劝阻，阮大铖诬以私通和做内应的

罪名，侯方域被迫投奔在扬州督师的史可法。马士英、阮大铖强逼李香君嫁与漕抚田仰为妾。李香君矢志不从，撞头倒地，血溅侯方域所赠宫扇。杨龙友将宫扇血痕点染而成桃花图，李香君将桃花扇寄予侯方域。清兵南下，攻陷南京，李香君、侯方域先后避难于栖霞山，二人虽在白云庵相遇，但激于国破家亡，双双出家。孔尚任通过这个爱情故事，描写明末的一些重大历史事件。采摭的史实，始于明崇祯十六年（1643），终于清顺治二年（1645），以清代统治者征求山林隐逸作结，意图从这段史实中，揭示明朝"三百年之基业，隳于何人？败于何事？消于何年？歇于何地？"（《桃花扇小引》）

孔尚任在《桃花扇小识》中明确指出：权奸"进声色，罗货利，结党复仇"，导致了南明的覆亡。作品对南明王朝统治阶级内部的矛盾、斗争以及政治的腐败，作了淋漓尽致的描写和相当深刻的揭露。君是昏君，臣是佞臣。半壁山河已不存，昏聩的弘光帝却一意声色犬马，寻欢作乐。权臣马士英在亡国大难临头之日，想到的仍是"一队娇娆，十车细软"；阮大铖更是卖官鬻爵，倒行逆施。"幸遇国家多故，正是我辈得意之秋"，是他们的心灵写照。掌握重兵的江北四镇黄得功、高杰、刘良佐、刘泽清四总兵也是"国仇犹可恕，私怨最难消"，一味争夺地盘，相互残杀。总兵许定国在清军兵临城下时，杀了高杰，带领清兵连夜南下，争"下江南第一功"。坐镇武汉的左良玉，也以剿檄奸臣为名，领兵东下，四镇调兵迎击左良玉军，致使江北淮扬千里营空，清兵乘虚而入，直捣江南。南明王朝危机重重，政治腐败，已是不可救药，虽有史可法这样的贤明正直的官员，也是孤忠无助。正像《拜坛》一出的眉批所说："私君、私臣、私恩、私仇，南朝无一非私，焉得不亡！"《誓师》《沉江》等出不拘于历史事实，描写史可法保卫扬州的事迹。这些场面出现在明亡后仅仅50年的舞台上，观众中不乏明朝的"故臣遗老"，必然在感情上引起强烈的共鸣，唤起他们的亡国之痛。《桃花扇》所抒发的兴亡之感，在当时的历史条件下，在思想上给人们以极大的震撼。

人们对《桃花扇》主旨的看法并不统一。有人认为它表现了强烈的民族意识和爱国思想，有人认为它悼明而不反清，有人认为它借悼明以抒发对现实的感慨和苦闷，有人认为它在更深的层次上反映了时代的哲学思考。

### ◆ 艺术成就

作为中国传奇戏曲的殿后之作，《桃花扇》取得了多方面的艺术成就。

《桃花扇》塑造了众多的人物形象，上自帝王将相，下至艺人妓女，不下二三十个。作品在痛斥阉党

昆剧《桃花扇》剧照
2006年9月29日晚，由江苏昆剧院青年演员担任主角的昆剧《桃花扇》加长版在南京公演

权奸的同时，热情歌颂了李香君、柳敬亭、苏昆生、卞玉京等下层人物。《桃花扇纲领》把所有人物，分为左、右、奇、偶、经五部。其中有主有次，有褒有贬。人物虽在一部，但性格各异，互不雷同。例如马士英、阮大铖虽同为魏阉余党，但彼此仍有差异。既写出了他们结党营私、荒淫腐朽的共同特征，又把握住他们之间性格、面貌不同的分寸。又如柳

敬亭、苏昆生同是江湖艺人，却有不同的个性，一个机智、诙谐而锋芒毕露，一个憨厚而含蓄。还有妓女、武将等也无不如此。总之，《桃花扇》善于写出同类人物的差异，使他们大都具有鲜明的个性特征。

李香君是《桃花扇》的女主角，她的形象被塑造得更是光彩照人。作为秦淮名妓，李香君色艺非凡，声名远播，故其性格在稳重中稍觉矜持。《却奁》一出，刻画了她的反抗性格，突出了她性格中刚烈的一面。当她知道侯生所送妆奁之费出自阮大铖相助时，愤怒地指责了侯方域的妥协，唱出了"脱裙衫，穷不妨；布荆人，名自香"，促使侯方域坚定了立场。此时的李香君不但成了侯方域的"畏友"，也同时赢得了复社文人的尊敬。《骂筵》写了她不畏强暴，当着马士英、阮大铖的面直言詈骂："堂堂列公，半边南朝，望你峥嵘。出身希贵宠，创业选声容，后庭花又添几种""东林伯仲，俺青楼皆知敬重。干儿义子从新用，绝不了魏家种。"她对侯方域的爱情，更多地出于对复社文人的同情和对阉党的痛恨。在李香君的形象上，坚贞的爱情和反对权奸的政治态度紧密地结合在一起；在李香君的经历中，爱情的不幸遭遇和国家的覆亡命运紧密地联系在一起，摆脱了一般才子佳人戏的俗套。对男主角侯方域，剧本写出了这个人物关心国事，看重名节，倜傥多才的特点，也写出了他性格中软弱动摇的一面。同时，对复社文人的"调嘴文章，当不得厮杀"，以及留恋征歌选舞等，亦有微讽。对剧中人物，孔尚任力求写出他们性格的多面性，放在错综复杂的社会关系中加以塑造。杨龙友便是一个例子，他能诗会画，风流自赏。他和侯方域、秦淮名妓李贞丽有交往，又是马士英的亲戚、阮大铖的盟弟。他促成侯方域、李香君的结合，又想利用李香君为阮大铖拉拢复社文人，但在危及侯、李生命的严重关头，又出力保护他们。孔尚任写出了杨龙友性格的各个侧面，使他成为一个有血有肉的艺术形象。《桃花扇》对于不同的人物有不同的写法。在正面人物形象中，写柳敬亭，笔酣墨饱，点染成趣，处处有戏，富有传奇性；写李香君，纯用工细的白描手法，不追求离奇的情节，深刻地挖掘她的内心世界，并在重要的关目上突出地刻画她的个性。对反面人物形象，如马士英、阮大铖，则更多地采用夸张的手法，并通过人物的行动来揭露他们的丑恶本质。写法的不同，是为了表现人物性格上的差异。《桃花扇》所反映的明末社会生活极为广阔复杂，它之所以能容纳深厚的历史和现实内涵，得力于作品独具匠心的艺术结构。孔尚任巧妙地以侯方域、李香君的离合作为贯串全剧的中心线索，细针密线，连环相牵，互相生发。侯方域一线联结史可法、江北四镇，以及驻扎在武昌的左良玉。李香君一线则以南京为中心，牵动弘光皇帝、马士英、阮大铖等朝臣和秦淮水榭诸色艺人。最后，侯、李在江山易主的情况下重逢，旋即双双入道。两条线索，南北交叉，疏密相间，跌宕有致。全剧在纷繁的历史事件和错综复杂的头绪中组织得这样完整、严谨，可以看出作者高度的艺术概括能力。剧本还特意渲染了一柄宫扇，绾合了全剧许多重要的情节。两个主人公的悲欢离合，南明王朝的兴亡在剧中都系于一扇，"南朝兴亡，遂系之桃花扇底"（《桃花扇本末》）。

《桃花扇》充分发挥了曲词和宾白的不同表现力。全剧曲词和宾白的安排匀称合度，对它们的不同作用有严格的区别，"凡胸中情不可说，眼前景不能见者，则借词曲以咏之"（《桃花扇·凡例》）。至于交代情节，说明事实，则用宾白。长出只填八曲，短出或六曲或四曲，比较适合舞台演唱的要求。

《桃花扇》脱稿后，即风行一时。康熙三十九年（1700）正月，由金斗班在北京首演。孔尚任罢官后，仍在南北各地盛演不衰。在康熙年间的剧坛上，孔尚任和《长生殿》传奇的作者洪昇齐名，时人称为"南洪北孔"。孔尚任的友人顾彩曾把《桃花扇》改写为《南桃花扇》，变更结局，使生旦当场团圆，侯方域携李香君北归。后来，《桃花扇》又被改编为话剧、电影，以及京剧、桂剧、越剧、扬剧、评剧等。

## 《长生殿》

《长生殿》是中国清代传奇作品。作者洪昇。现存康熙年间稗畦草堂原刊本。《长生殿》的写作前后经十余年，三易其稿。据《例言》，一稿在洪昇第一次赴京前写成于杭州皋园，题名为《沉香亭》，当是写李白在长安的遭遇。二稿名《舞霓裳》，写于北京，时间已难确考。徐麟说此剧已"尽删太真秽事"，并减去李白而加入李泌辅肃宗情节。三稿《长生殿》，将帝王家罕有的钟情与贵妃归蓬莱仙院、明皇游月宫的传说合而用之，"专写钗盒情缘"，最后写定于康熙二十七年（1688）。

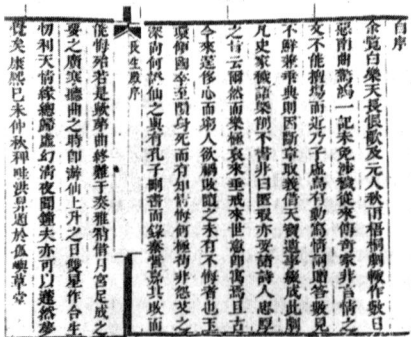

清康熙稗畦草堂刻本《长生殿》

◆ 主题思想

《长生殿》描写唐明皇（李

隆基）和杨贵妃（杨玉环）的爱情故事。自唐代白居易的诗《长恨歌》和陈鸿的传奇小说《长恨歌传》开始，经宋、元、明三代，各类文艺作品中都有以这个故事为题材的。戏曲作品有名目可考者，不下 10 种，其中以元代白朴的杂剧《梧桐雨》最为著名。它们大致表现为三种倾向：或着重赞美同情，或着重讽喻批评，或在讽喻的同时有所同情。洪昇继承《长恨歌》的主题思想，借李、杨故事来表现和歌颂生死不渝的爱情，使它带有一定的理想色彩，并在其中寄寓了以历史教训警诫后世的思想。作者试图在李、杨故事的传统题材上有所创造和发展，联系爱情来写政治，扩大作品反映的生活面，使读者汲取政治上的教训。从上述意图出发，在长达 50 出的剧本中，从第 2 出就开始刻意描写"钗盒情缘"。由定情至长生殿七夕盟誓，李、杨爱情达到高潮。安史之乱起，马嵬之变，杨玉环命殒黄沙。其后描写李、杨之间"那论生和死"的深情，结果两人在仙世重圆，金钗再成双，钿盒又重合。洪昇所写的钗盒情缘显然是传说中的帝王风流逸事，他笔下的李隆基和杨玉环已经与严格意义上的历史人物有了区别。宋元以来，反映城市平民生活的小说中曾经出现歌颂"真心"爱情（即排斥了世俗附加物的爱情）的作品。明代汤显祖的《牡丹亭》极力描写爱情，为了追求爱情，杜丽娘可以由生而死、由死而生。《长生殿》的《例言》云："棠村相国尝称予是剧乃一部闹热《牡丹亭》，世以为知言。"可见洪昇在创作《长生殿》时也受到了汤显祖的影响。李、杨一帝一妃的结合本身就是政治事件。写他们的爱情就不能不涉及"安史之乱"前后的政治，必须把这两者交织起来写，才能有深刻的思想内涵。《长生殿》中写到李、杨爱情还有"逞侈心而穷人欲"的一面。这样的宫廷生活必然产生不幸的后果，给社会政治造成破坏作用，不但导致了"安史之乱"，还给人民带来了种种灾难。第16出《舞盘》，写杨玉环的生日宴会，李隆基特谕地方飞驰进贡荔枝，"寿宴初开，佳果适至"。而在这之前的第15出《进果》，写了进贡荔枝过程中血淋淋的场面，两个进贡荔枝的使臣纵马飞奔，践坏田禾，踏死农人。第10出《疑谶》中，洪昇又借郭子仪之口说道，"可知他朱甍碧瓦，总是血膏涂"，对皇亲贵戚的骄奢淫逸生活发出了有力的谴责。围绕着李、杨爱情，作品还写了杨国忠专权祸国，安禄山兴兵作乱，郭子仪坚决抗敌，雷海青大义斥叛等情节。一方面揭露了统治阶级内部的矛盾和腐化；另一方面也歌颂了一些忠臣义士的行为。他生活于清初，离明亡不远，所以通过爱情题材写国家兴亡的故事，总结历史经验教训。洪昇描写李、杨爱情比前人的作品更为深刻。至于试图把剧中的赞美与暴露统一起来，写李、杨忏悔他们的过失，并在天上重圆，这种"一悔能教万孽清"的描写则是苍白无力的，也过分美化了李、杨的爱情。由于《长生殿》思想的复杂性，关于它的主题历来有争论。至20世纪末，主要有爱情主题说、政治主题说、爱情与政治双重主题说、爱情与政治主次有别说等。也有学者认为《长生殿》的主题是多义性的，不能简单、片面地理解或用一两句话来概括。

◆ **艺术成就**

《长生殿》以抒情的笔调，把动人的故事情节同广泛深刻的社会矛盾有机地结合起来；它以具有典型意义的人物形象、宏伟的场面和优美的曲词，把古典戏曲创作推上了一个新的高峰。《长生殿》之前，剧坛上有两种题材受到人们的喜爱：一是爱情题材，二是揭露社会黑暗、抨击时政的题材。从题材的艺术特色来看，是前者以人物刻画的细致丰满见长，后者以反映社会生活的广阔深刻取胜。而把两种题材交织在一起加以描写，并在艺术上达到水乳交融的地步，则始于《长生殿》和稍后的《桃花扇》。这两部古典戏曲名著的出现，是中国戏曲现实主义艺术趋于成熟的重要标志。在反映安史之乱这一矛盾错综复杂的时代面貌时，洪昇运用了高度概括的手法，上场的有名有姓人物，除李、杨外，还有郭子仪、陈玄礼、高力士、杨国忠、安禄山等数人。同时浓缩情节，笔触主要集中在李、杨爱情的发展过程和杨国忠、安禄山阴谋误国这两个主要线索上，纵横挥斥而层次分明。情节的高度概括和人物性格的鲜明饱满，是《长生殿》的重要艺术特色之一。洪昇擅长描绘人物的心理活动和变化，曲尽情态，使人物形象完整生动。《埋玉》中杨玉环始而惊，继以惧，最后请赐自尽。作者以酣畅的笔墨，把杨玉环死前的心理状态绘写得有声有色。杨玉环死后，李隆基一片痴情，作者借心埋描写，与他时而悔恨、时而追思，挖掘到这一人物性格的灵魂深处。这种有层次地揭示人物性格的变化和细致描摹人物心理变化的艺术方法，使杨玉环和李隆基成为有血有肉的艺术典型。至于安禄山，是洪昇主要批判的人物之一。他在全剧出现8次，一次一个面孔，从不同的侧面刻画了他的性格，他的狡诈、残暴、荒淫、虚弱活生生地呈现在观众面前。《长生殿》曲词优美，曲律精严，尤为人们所称道。有的曲子本身就是一首优美的抒情诗。如《闻铃》中的〔武陵花〕一曲，风声、雨声衬托着李隆基心中缠绵悱恻之情，由景触情，情借景生，情景交融。《骂贼》的语言慷慨激昂，烘托出乐工雷海青虎虎若生的形象。《弹词》一出文字优美，传唱不息，清代有"家家'收拾起'，户户'不提防'"的说法（"收拾起"是李玉《千钟禄·惨睹》〔倾杯玉芙蓉〕的首三字，"不提防"是《长生殿·弹词》〔一枝花〕的首三字）。洪昇借助于徐麟的合作，在曲律上严加推敲。吴仪一《长生殿序》认为，句精字研，无不谐叶。"爱文者喜其词，知音者赏其律。"因此传闻益远，有家乐的争相传抄，转相教习。优伶能唱《长生殿》，则升价什佰。《长生殿》三百年来盛演不衰。至今《定情》《惊变》《骂贼》《弹词》《闻铃》等出，仍是南北昆曲剧团的保留节目，不时演出。

## 《窦娥冤》

《窦娥冤》是中国元杂剧作品。全名《感天动地窦娥冤》。关汉卿撰。

窦娥3岁丧母，7岁因抵债到蔡婆家做童养媳。17岁成婚，丈夫当年去世。守寡两年，蔡婆向赛卢医催索债银，被骗至荒郊险被勒死。恰值张驴儿父子路过，将她救活，借此占住蔡家，并强逼蔡家婆媳改嫁他们父子。蔡婆被迫依从，窦娥抵死不从。张驴儿欲毒死蔡婆，不意反而害死了自己的父亲，但其却诬告窦娥为凶手。桃杌太守欲向蔡婆用刑，窦娥含屈诬服，被判斩刑。临刑时，窦娥发下三桩誓愿：上天若认为窦娥果然蒙冤，头落处，血飞素练；六月天降大雪；楚州大旱三年。窦娥死后誓愿一一应验。三年后，其父窦天章任肃政廉访使，来楚州审囚刷卷。窦娥鬼魂向其申诉，冤案得以平反。

此剧为关汉卿代表作之一。正旦饰窦娥。剧中情节与汉刘向《说苑》

及《汉书·于定国传》中"东海孝妇"故事有些近似，可能有所借鉴，但作品的内容却是根植于元代社会。高利贷——羊羔儿利的压迫，张驴儿等流氓泼皮肆无忌惮的横行，贪官酷吏残民以逞，正是这些带有鲜明元代特点的黑暗现实酿成了窦娥的悲剧。而"肃政廉访使"也是元初开始设立的官职。剧中，窦娥善良坚强的艺术形象，以及她呼天抢地的控诉和不平之鸣更具有震撼人心的力量。明孟称舜《酹江集》云："《窦娥冤》剧，词调快爽，神情悲昂，尤关（汉卿）之铮铮者也。"王国维《宋元戏曲史》认为："剧中虽有恶人交构其间，而其蹈汤赴火者，仍出于其主人翁之意志，即列之于世界大悲剧中，亦无愧色也。"明叶宪祖、袁于令改编为传奇《金锁记》。京剧、蒲剧等剧种均有改编演出。

# 小说类

## 《三国演义》

中国元末明初长篇小说。全称《三国志通俗演义》，又称《三国志》《三国志传》《三国志传通俗演义》《三国英雄志传》《三国全传》《三国志演义》。元末明初罗贯中作。

### ◆ 基本内容

《三国演义》从东汉灵帝建宁二年（169）起，到晋武帝太康元年（280）止，描写了百年左右发生的事件，中间着重写了历时约半个世纪的魏、蜀、吴三国的兴衰过程。第1～33回，从东汉末年黄巾起义写到曹操平定北方；第34～50回，集中写赤壁之战以及战后天下三分；

第 51 ～ 115 回，重点写刘备集团活动，以及刘备死后，诸葛亮治理蜀国、南征北伐；第 116 ～ 120 回，写三国统一于晋。全部故事的基本轮廓和基本线索、主要人物的主要活动，大体上同历史记载相去不远。但三国历史只是一个骨架，作品的血肉部分则主要是创作者（其中包括长期以来特别是宋元时期人民群众、民间艺人、下层文人）所创作、虚构的，概括了更广阔、更丰富的社会历史内容。罗贯中既采用群众中流传久远的三国故事题材，也就接受了群众赋予这一题材的拥刘反曹的思想倾向。

《三国演义》在曹操、刘备、孙权三个政治集团中，把曹操集团与刘备集团作为主要对立面，并把刘备集团放在中心地位。孙权集团虽然也是刘备集团争斗的敌手，但更多是作为刘备集团对抗曹操集团的联合力量。作品紧紧抓住曹、刘两个集团的矛盾这一主线，刻画了曹操和刘备两个对立的艺术形象，展开了一系列人物、事件的描写。

作为艺术形象的曹操，在《三国演义》里是一个极端利己主义者的典型。历史上的曹操本来有诡诈、残暴的特点，民间传说把这一特点突出、夸大，在曹操身上概括了历史上封建统治者的本质特征。罗贯中依据民间传说又有所发展、提高，成功地刻画了曹操诡谲多变、心狠手辣的思想性格。罗贯中也表现曹操的雄才大略，甚至用赞美的笔调，在与董卓、袁绍等人的对比中描写他的政治远见与政治气度，但主要的还是为了刻画曹操是个"奸雄"，在渲染他雄才大略的同时来表现他的老谋深算，善于玩弄权术。《三国演义》把曹操这个野心家、阴谋家的形象描写得十分生动、丰富，表现出人民群众对奸险凶残的封建统治者的强烈憎恨。

同曹操相反，《三国演义》对刘备无论在政治品质与道德品质上都加以美化。作品描写曹操对关羽是用高官厚禄、金钱美女收买，刘备对关羽是推心置腹，同患难、共生死；曹操对徐庶是以囚禁其母来迫其归附，刘备对徐庶是因其母有难而送其离去；曹操对张松摆出一副傲慢姿态，耀武扬威，刘备对张松谦虚恭谨，相待以礼。曹操说："宁教我负天下人，休教天下人负我。"刘备则说："吾宁死，不为不仁不义之事。"为了歌颂刘备，《三国演义》还描写了刘备集团的内部关系。他们君明臣贤，互相信任、彼此了解、团结融洽的程度不但非曹操集团所能比，也远超孙权集团。总之，《三国演义》中的刘备是一位封建时代的理想仁君形象。

作品对曹操的谴责和对刘备的歌颂，包含有封建正统观念，如指斥曹操"托名汉相，实为汉贼"，强调刘备是"汉室宗亲"，可以名正言顺地即位"续大统"。这种观念与作品对黄巾起义的敌视态度，都反映了作者的正统思想。不过《三国演义》中拥刘反曹的倾向，主要是表现封建社会的人民群众在不能改变现存统治秩序的情况下，希望君主仁慈宽厚，而反对暴虐统治者。此外，同宋元时代民族矛盾中"人心思汉"的历史背景有一定关系。然而刘备形象不及曹操形象那样有现实基础，因而显得单薄、苍白。

作者从刘备众多的文臣武将中选取诸葛亮和关羽两个人物，着意加以刻画。刘备对诸葛亮，自称"如鱼得水"，不仅言听计从，而且付托以军国大事。诸葛亮为报答刘备三顾茅庐的知遇之恩，真正做到了"鞠躬尽瘁，死而后已"。他身上有许多政治家的美德，而最显著的特色则是他的足智多谋。赤壁之战的前台指挥者是周瑜，而从旁策划、真正居于主导地位的则是诸葛亮。诸葛亮活动后期的主要对手是曹魏方面的司马懿。司马懿深有谋略。不过，比起诸葛亮来，他有时还是略逊一筹。诸葛亮不仅善于依据具体条件，事先做出周密的计划安排，而且在面对突然发生的情况下，能够随机应变，从容对敌，著名的"空城计"就是如此，以致司马懿都不得不承认"吾不如孔明也"。当然，作品表现诸葛亮的聪明才智，在有的描写中含有一些神化的倾向。

刘备集团的另一重要人物是关羽。作品中描写刘备同关羽、张飞的关系，着重表现他们的"义"。关羽有武勇刚强的特点，但作品主要是颂扬他"义重如山"。本来在民间传说的三国故事中，刘、关、张都出身社会下层，是锄强扶弱、与人排难解纷的好汉。他们萍水相逢，意气投合，结为异姓兄弟，很重视江湖义气。《三国演义》已削弱了这些民间色彩，关羽身上的草莽英雄的气质也被"深明《春秋》大义"的儒将风度所冲淡，而在"义"中又突出了所谓"恩怨分明"，特别强调个人关系。关羽在华容道"义释"曹操，就是因为"想起当日曹操许多恩义"而把刘备集团的这个敌人放走。历来封建统治者有意提倡看重个人恩怨的"义"，把关羽推崇到了很高的地位。

◆ **艺术成就**

《三国演义》不仅是较早的一部历史小说，而且代表着古代历史小说的最高成就。它采用浅近的文言，明快流畅，雅俗共赏。它的笔法富于变化，对比映衬，旁见侧出，波澜曲折，摇曳多姿。它以宏伟的结构，把百年左右头绪纷繁、错综复杂的事件和众多的人物，组织得完整严密，叙述得有条不紊，前后呼应，彼此关联，环环紧扣，层层推进。它最擅长描写战争，能写出每次战争的特点，即在具体条件下不同战略战术的运用，指导作战的主观能动性的发挥，而不把主要笔墨花在单纯的实力和武艺的较量上。它所描写的官渡之战、赤壁之战、彝陵之战，都表现了战争中优势与劣势的互相转化、指挥人员驾驭整个战争变化发展的能力。各次战争或实写，或虚写，或正面写，或侧面写。在写战争的同时，兼写其他活动作为战争的前奏、余波，或是战争的辅助手段，而紧张激烈、惊心动魄的战争，却由此表现得有张有弛，疾徐相间，具有旋律节奏，富于诗情画意。在人物塑造上，《三国演义》特别注意把人物放到现实斗争的尖锐矛盾中，通过各自的言行，表现其思想性格，并且注意略貌取神，不单纯追求细节的逼真。它往往借助人物自身的言行或通过周围环境把人物的思想性格加以夸张渲染。曹操奸诈，一举一动都好像隐伏着阴谋诡计。张飞心直口快，无处不带上天真而莽撞的色彩。鲁肃忠厚老实，考虑问题总是那么单纯善良。诸葛亮神机妙算，临事总是那么得心应手。著名的关羽"温酒斩华雄"、张飞"威震长坂桥"等故事，都没有多少细腻的工笔描绘，只是通过粗线条的勾勒、气氛的渲染，来取得传神的艺术效果，使人物形象栩栩如生。

## 《水浒传》

《水浒传》是中国明代长篇小说。

关于它的作者，大致有 3 种说法：施耐庵作、罗贯中作及施耐庵、罗贯中合作。现在学术界大都认为施耐庵作。

◆ **思想内容**

《水浒传》以杰出的艺术描写手段，揭示了中国封建社会中农民起义的发生、发展和失败过程的一些本质方面。它的社会意义首先在于深刻揭露了封建社会的黑暗和腐朽及统治阶级的罪恶，说明造成农民起义的根本原因是"官逼民反"。作品开头写了一个一向被人厌弃的破落户子弟高俅，靠踢球被端王看中，后来这位端王

《水浒传》书影（明刻本，中国国家图书馆藏）

做了皇帝（徽宗），高俅一直被提拔到殿帅府太尉，而这位皇帝也不过是个专会串瓦走舍的浮浪纨绔儿。他的亲信大臣还有蔡京、童贯和杨戬等，他们构成了最高统治集团。蔡、高等人以他们的亲属门客为党羽心腹，如梁世杰、蔡九知府、慕容知府、高廉、贺太守之流，在他们的下面，则是一些贪官污吏、土豪恶霸，从上到下，狼狈为奸，残害忠良，欺压良善，对人民进行残酷的剥削和压迫，形成了一个统治网。特别是高俅作为那个统治集团的代表人物之一，在他身上体现了凶残、阴险的权奸特点，也体现了封建统治阶级的丑恶和腐朽的本质。此外，《水浒传》还写了地主恶霸的种种作恶行为，如郑屠霸占金翠莲，西门庆害死武大，毛太公勾结官府构陷猎户解珍、解宝。总之，《水浒传》描写了封建统治阶级自上到下对人民的压迫。

《水浒传》写英雄们走上反抗的道路，各有不同的原因和不同的情

况，但是在逼上梁山这一点上，许多人是共同的。如阮氏三雄的造反是由于生活不下去，他们不满官府的剥削，积极参加"智取生辰纲"的行动，从而上了梁山。解珍、解宝是由于受地主的掠夺和迫害起而反抗的。鲁智深是个军官，他疾恶如仇、好打抱不平，因此造成和官府的矛盾，结果被逼上山落草。武松出身城市贫民，为打抱不平和报杀兄之仇，屡遭陷害，终于造反。林冲原是东京八十万禁军教头，是个有身份有地位的人，家庭出身和官场生活，养成了他奉公守法，安分守己的性格，但他也被逼上梁山。这说明在阶级矛盾十分尖锐复杂、政治极端黑暗的情况下，统治阶级内部必然发生分化，其中的一些人因受到当权者的排挤打击，起而反抗，也会投身于农民起义的洪流。

《英雄谱》插图——
智深拳打镇关西
（明代崇祯刻本）

　　《水浒传》反映农民起义发生发展的规律，是循序渐进，步步深入，最后全面展开的。英雄们的起义行动，是由小到大，由个人反抗到集体行动，由无组织到有组织，由小山头到大山头，最后汇成一股浩浩荡荡的起义巨流。鲁智深、武松等人的斗争活动，开始多半是出于被迫，或是打抱不平，或是出于个人报复性的反抗，后来上了二龙山落草，接着又参加梁山起义。"智取生辰纲"最初就是有组织的反抗行动，但晁盖等上梁山后，成为更大规模的反抗了。起义的武装，也是由小股发展到大股，最后声势浩大地汇合到梁山泊。

　　《水浒传》作者对这些英雄人物予以充分的肯定和热情的讴歌，歌颂了这些人物的反抗精神、正义行动，也歌颂了他们超群的武艺和高尚的品格。一些出身下层的英雄人物，如李逵、三阮、武松、石秀等，对统治阶级的剥削压迫感受最深，因此他们一旦造反，反抗性也最强，什么统治阶级的法度条例，对他们毫无约束，像李逵连皇帝也不放在眼里。他们为了起义的正义事业，赴汤蹈火在所不辞。作者对这些英雄人物的赞扬，完全是出自内心的热爱。作品歌颂这样一批被统治阶级视为所谓"杀人放火"的强盗、朝廷的叛逆、"不赦"的罪人，并把他们写得光辉动人、可敬可爱，显示了作者的胆识和正义感情。与此相反，作者对于统治阶级的人物，则将他们写得丑恶不堪，与梁山英雄形成鲜明的对比。从而启发人们去爱什么人，恨什么人。金圣叹评论《水浒传》"无美不归绿林，无恶不归朝廷"。不管金圣叹主观动机如何，这句话确实说明了作者的思想倾向和《水浒传》深刻的社会意义。

《水浒传》全书可分前后两大部分，前半部分写各路英雄纷纷上梁山大聚义，打官军，受招安。后半部分由 5 个部分组成，即征辽、平田虎、平王庆、平方腊及结局。其中平田虎、平王庆两部分是后来加的，今所见较早的百回本于征辽之后紧接平方腊。但有的研究者认为，征辽也可能是插增的。从思想内容来说，《水浒传》前半是写人民反官府，后半则是写忠臣反奸臣。对于书中所写的宋江受招安，鲁迅曾有评说："其中招安之说，乃是宋末到元初的思想，因为当时社会扰乱，官兵压制平民，民之和平者忍受之，不和平者便分离而为盗……但一到外寇进来，官兵又不能抵抗的时候，人民因为仇视外族，便想用较胜于官兵的盗来抵抗他。"这话是有根据的，水浒故事流传的时间正是民族矛盾尖锐的时代，《水浒传》的后半部分写宋江等人受招安，与这一背景不无关系。而征辽部分的出现，则是这一思想的继续和发展。至于忠臣反奸臣，也是和这一思想有关的。在小说结尾写"史官有唐律二首哀挽"宋江等梁山人物，其中说"不须出处求真迹，却喜忠良作话头"，《水浒传》的作者是把宋江作为忠臣来描写的。第85回辽国欧阳侍郎招降宋江，吴用向宋江献策：要富贵，投降辽国；要忠义，报效宋朝。宋江说："吾辈当尽忠报国，死而后已。"这里的"尽忠报国"实际上就是具体历史条件下的民族立场。

宋江受招安之后，水浒英雄始终受奸臣排挤、打击和陷害，最后宋江等被奸臣害死。这样的悲剧结局，对于揭露统治者的罪恶，以及作者对受招安者的鉴戒来说，也是有其积极意义的。

◆ **艺术特色**

《水浒传》以其高度的艺术表现力、生动丰富的文学语言，叙述了许多引人入胜的故事，塑造了众多可爱的个性鲜明的英雄形象。

《水浒传》继承与发展了中国古代小说与讲史话本的传统特色。故事极富传奇性，一波未平，一波又起，起伏跌宕，变化莫测，每一故事的高潮都紧扣读者的心弦。如"拳打镇关西""智取生辰纲""宋江杀惜""武松打虎""血溅鸳鸯楼""江州劫法场""三打祝家庄"等，数百年来一直脍炙人口。但《水浒传》并不是单纯为了追求故事情节的离奇而迎合群众的，而是紧紧围绕着"官逼民反"这一思想，把故事情节和人物性格融合在一起。武松、林冲、卢俊义三人都武艺高强，是梁山第一等好汉，三人都受过官府的陷害，被充过军，而武松和林冲、卢俊义的表现却大不相同。林冲、卢俊义在充军的路上受差人任意摆布，忍气吞声，有时还向差人乞怜哀告。两人又都是受骗被捆在树上低头受死。武松则相反，第一次充军孟州，一路上反而是两个差人服侍他。二次充军恩州，押解他的两个差人被人收买，再加蒋门神的两个徒弟，合谋在半路上害死他，四个带刀的凶手，对付他一个带枷的犯人，反被他轻而易举地给收拾了。他还不解恨，一口气奔回孟州，杀了张都监、张团练和蒋门神等，才算出了一口恶气。林冲、卢俊义不是武艺不精，原因在于，他们一个是东京八十万禁军教头，一个是北京首富，都是有身份有地位的人，各有家室，不幸遭受冤枉，只希望服刑期满，重振家声。两人懂法度，又存有幻想，在公人面前是怀怒未发，忍一口气。而武松，无家室之累，久走江湖，养成强悍的性格，无所顾忌，也就无所畏惧，加上他受欺被诬，不断被人暗算，所以报仇心切，手段也狠。林冲、卢俊义二人也有所不同，林冲的反抗性又较卢俊义为强。又如鲁智深、武松、李逵三人都是性情刚直，好打抱不平，不畏强暴，不避危难，但又各有特点。鲁智深是军官出身，阅历较深，富有正义感，痛恶社会的不平，他虽然性格急躁，行动莽撞，但在斗争中有时又很细心机智。拳打镇关西，没想到三拳把人打死了，他立刻想到要为此吃官司坐牢，自己单身一人无人送饭，于是假装气愤，"指着郑屠户道：'你诈死，洒家和你慢慢理会。'一头骂，一头大踏步去了"。这样便脱身而去了。在大相国寺菜园子里，几个泼皮要算计他，故意跪在粪窖边不起来，引起他的疑心，走到跟前没等泼皮上身，一脚一个把两个为头的踢到粪坑里去了。这些都说明他是个粗中有细的人。武松性情刚强，好打那些不明道理的人，死也不怕。在行动上有时表现得粗鲁蛮横，像是有意地寻衅生事，如在快活林对蒋门神；有时是装出假象迷惑与麻痹对手，如在十字坡对孙二娘。他为了替兄报仇，考虑得极为周密，从调查情况入手，到杀嫂逼取口供，杀西门庆，自首县衙，一步步按着他的安排都做到了。这又说明他很有心计。而李逵则大不相同，憨直、刚强、粗心、大胆，极忠于梁山事业，反抗性最强，打起仗来，赤膊上阵，勇猛无比。他是个真正的粗人，一味蛮干，不计后果，又有几分天真，好管闲事，又常常惹出事端。在江州因夺鱼和张顺厮打，被张顺骗到水里，淹得他两眼发白；去蓟州搬取公孙胜，路上偷吃酒肉，受到戴宗的惩治；斧劈罗真人，被真人罚到蓟州大牢里受苦；打死殷天锡，连累柴进坐牢，差点送了性命。作者对这些人物的性格特点把握得十分准确和细致，真正做到毫发不失，这就更加强了这些形象的动人力量。

《水浒传》插图——
囚车解草寇（清初刻本）

　　《水浒传》的语言是以口语为基础，经过加工提炼而创造的文学语言。其语言特色是明快、洗练、准确、生动。无论是作者的描述语言，还是作品人物的语言，许多地方都惟妙惟肖，有浓厚的生活气息。写景、状物、叙事、表情，极为灵动传神。《水浒传》叙事善于白描，简洁明快，没有滞拙的叙述和冗长烦琐的景物描写。偶有写景文字，又极精彩。如武松不听酒家劝告，乘着酒兴单身上山，看了庙门上的告示，才知真的有虎，他稍为犹豫了一下，还是硬着头皮上了岗子。这里作者只用了两句话衬托此时的气氛和心情："回头看那日色时,渐渐地坠下去了",武松"踉踉跄跄直奔过乱树林来",既写出了老虎活动的时间,又写出了老虎出没的环境。两句话就把一种恐怖悲凉的气氛和心情和盘托出,让人感到此时此地不知什么时候会突然跳出一只活老虎来。《水浒传》的叙事,要言不烦,恰到好处,而又绘声绘色,鲜明生动。"武松打虎"是历来传诵的好文章,写得极为传神。写人虎相搏,写老虎一扑、一掀、一剪三般拿人的本事,以及声震山冈的吼声,一只活生生的真老虎就跃然纸上。几经搏斗,老虎威风渐减,最后如何被武松按住,如何挣扎,如何被武松打死,写得活灵活现,十分逼真。通过这些描写也就更好地突出了武松的英雄形象。

## 《西游记》

中国明代章回小说。现在一般认为是吴承恩所著。

小说取材于唐代玄奘西行天竺(今印度)求取佛经的故事,历经演变,至明代中后期成书。目前所见最早刊本是金陵唐氏世德堂刊行的100回本《新刻出像官板大字西游记》,此本间题"金陵荣寿堂梓行""书林熊云滨重锲",故实为两三种版本混合而成。卷首有秣陵陈元之撰《刊西游记序》,署年明万历壬辰岁,即万历二十年(1592)。全书分20卷,每卷5回,依次撷取宋儒邵雍《清夜吟》诗"月到天心处,风来水面时。一般清意味,料得少人知"为编目。每回1～3幅插图,共196幅。

◆ **思想意蕴**

《西游记》的故事结构复杂,从基本情节上看,可以分为一小一大两个段落。前 7 回描写孙悟空诞生神话及其闹三界，此后则转入唐僧取经的故事，中间还有一个说明取经缘起的过渡段落。由于将孙悟空闹三界置于全书开篇，决定了他在整个情节的中心位置。孙悟空、猪八戒、沙和尚三人保护唐僧西行取经，唐僧从投胎到取经受了九九八十一难，一路降妖伏魔，九九归一，终于到达西天见到如来佛祖，最终五圣（含白龙马）成真。

取经题材的主人公由唐僧变为孙悟空是这一题材的本质性转变。这一猴形象的由来，学术界有不同看法。一种观点认为他是在中国志怪小说中猿精猴怪如无支祁基础上产生的，另一种观点认为他的原型是印度神猴哈奴曼。从取经题材漫长的演变过程看，孤立地确立孙悟空形象的单一原型是不恰当的。关键在于，在这一演变过程中，《西游记》彻底改变了孙悟空在以前取经题材作品中作为宗教信徒和神怪形象的性质，使之成为一个体现着社会愿望的真正英雄。他"治国祛邪"的救世热忱与本领，顺应了当时的社会亟盼英雄的时代召唤。孙悟空的卓荦不群，不仅在于他具有非凡的英雄品格，还在于他具有强烈的自我意识。作者突破了儒家英雄观念及小说塑造英雄的传统模式。当孙悟空去救金圣娘娘时，妖魔讥讽他是替朱紫国为奴。他喝道："我老孙比那王位还高千倍，他敬之

**位于甘肃张掖大佛寺里的孙悟空画像**

如父母，事之如神明，你怎么说出'为奴'二字！"（第 71 回）虽然他打的也是"诳上欺君"之徒，却不甘愿以臣仆自居，还要维护自己高傲的人格独立性。他带有除暴安良、见义勇为的江湖好汉特点，出于一种朴素的正义感，具有在斗争中开拓人生、获得无穷乐趣的心理特征。他既肩负着匡世济民的伟大责任，又不断追求自我价值，两者在他身上得到了完美的结合，而这也与明中叶以后的个性解放思潮有着内在的联系。因此，孙悟空形象与中国古代小说中的其他英雄形象相比，带有极为突出的自我意识。这种自我意识表现为以下几个方面。

第一，自由意识。孙悟空天生地养，一开始就在精神上超越了宗法制社会对人的种种限制和约束，以后追求的也是"天不收、地不管，自由自在"。为此，他不断反抗神佛对他的羁縻。在整个作品中，孙悟空只有对唐僧、观音才表现出一定的尊重，但当他们合伙给他戴上紧箍儿，他立时就流露出仇恨与反抗意识。直到全书结尾，小说还写到已经成佛的孙悟空仍未消释心头积怨，要把限制过他自由的紧箍儿"打得粉碎"。他关心的并不是什么"大法"，而是他始终渴望的自由。

第二，自尊意识。对此小说描写也很充分。孙悟空大闹天宫的心理动机是玉帝"这般藐视老孙"，所谓"强者为尊该让我，英雄只此敢争先"。取经途中，他的心高气盛，傲不为礼也时有流露。用他自己的话说就是"老孙自小儿做好汉，不晓得拜人，就是见了玉皇大帝，太上老君，我也只但唱个喏便罢了"（第 15 回）。及至迫于救师降妖的特殊情境，不得不向老怪行礼时，这个铮铮硬汉竟"泪出痛肠"（第 34 回），从反面衬托出他视尊严为性命的刚强精神。

第三，自娱意识。书中曾借人物之口说孙悟空："你是人间之喜仙，何闷之有？"（第 66 回）。这确实是对孙悟空的一个极妙概括。他总是以降妖伏魔为游戏，必要时连神圣的取经也要让位于他的这种"耍耍"（第 68 回）。虽然孙悟空的大部分战斗并未取得胜利，闹天宫的代价是困压五百年，取经路上也屡遭挫折，但我们从不感到他是一个失败的英雄。因为在反抗和斗争中，他已经得到了极大乐趣，已经实现了他对自我的追求。

正是因为孙悟空具有的这种自我意识，使得他的形象得以超越时代与地域，至今受到广大读者的喜爱，并成为《西游记》在当代继续衍生的核心人物。

### ◆ 艺术风格

《西游记》独特的艺术风格也是它广受欢迎的原因。这部小说采用非现实的形象构成方式，以轻松诙谐的笔调，展开了一幅游历型叙事的动态画卷。它的幻想世界天上人间，殊方绝域，无处不到，无奇不有，包括了中国古代宗教信仰与艺术中的各种神灵以及众多的妖魔鬼怪。在人物塑造的手法上，也很有特点。作者往往将人性、动物性和神怪性巧妙结合，表现人物不同的精神品质与个性特点。

在《西游记》中，唐僧取经历经九九八十一难。其实，八十一难的设定本身并不严格。有时，作者将一难析为二、三难以凑数，如"黄风怪阻""请求灵吉"实际上是一个故事的两个阶段。有时，并非唐僧本人直接遭难，如"心猿遭害"，受磨难的只是孙悟空。还有的如"祛道兴僧"就更算不得取经人之难了。从八十一难的具体描写来看，则各有寓意。或取譬自然，或象征社会，或影射历史，或直指人心。角度不一，写法各异，多姿多彩地反映了中国古代社会乃至整个人类面临的种种问题。

**明代《西游记图册》绢本设色**
**（中国国家博物馆藏）**

自《西游记》问世以来，对它的诠释就众说纷纭。小说敷演的是佛教徒的事迹，所以很自然有人认为它宣扬的是佛教思想。但书中浓厚的道教成分，又使他备受道教徒的青睐，清代以来出现的陈士斌《西游真诠》、刘一明《西游原旨》等，都是从道教的角度对《西游记》进行评点。而清代张书绅的《新说西游记》则是从理学角度阐发此书"精义"的。近代以来，胡适、鲁迅等人，对上述三教的牵强附会不以为然，认为《西游记》并没有什么微妙的意思，实不过出于作者的游戏。此后，随着研究的逐步深入，人们对《西游记》的理解也有了新的发展，有人重视作品的政治寓意，有人强调小说的哲理内容，更有人从文化精神的角度探求书中的深刻思想。一方面反映了《西游记》的创作本旨确实难以定于一尊，另一方面也表现出这部作品的丰富性。《西游记》以幻想的形式描绘了一个具有悠久历史的民族，在历险克难的漫长而曲折的过程中所展示出的精神风貌，这是它最有价值的地方。孙悟空的机智勇敢、诙谐幽默代表了英雄主义和乐观主义；唐僧的坚定虔诚、软弱无能则体现了旧时代知识分子志行修谨，面对瞬息万变的现实却缺乏应对能力；猪八戒的贪图安逸、眼光如豆又反映出传统农民的保守心理；至于沙和尚的勤恳依顺，也折射着中国民众朴实善良的品性。能够以一部作品如此鲜明地概括民族性格的几个重要类型，在古代小说中确实少见。并对民族素质的深刻反省，并希望人的精神境界臻于完美。

◆ **流传和影响**

《西游记》问世后，影响巨大，既促使神怪小说创作的兴盛，也直接引发了若干续作、仿作，如《西游补》《后西游记》等，皆为不俗之作。《西游记》还对戏曲、宝卷、子弟书乃至民俗信仰都产生影响，如清代宫廷大剧《升平宝筏》为西游戏，竟达 10 本 240 出之多。

《西游记》世德堂刊本、李评本等今均有影印本出版，台湾天一出版社 1984 版《善本小说丛刊》之《西游记专辑》，收录明清《西游记》刊本 10 余种。点校本有人民文学出版社 2010 年版等。

## 《红楼梦》

中国清代小说。原名《石头记》，有《情僧录》《风月宝鉴》《金陵十二钗》等别称。120 回。曹雪芹著，高鹗等增补。

◆ **思想成就**

《红楼梦》是一部内容异常丰富、思想极其深刻的杰作。《红楼梦》描写贾府这样一个具有典型意义的封建世家大族盛衰兴亡的过程，在客观上全面揭示出整个封建社会走向衰败的内在原因、根本趋势和必然规律，于看似平淡无奇的家务琐事及其矛盾冲突之中，产生出震撼人心的艺术力量，使人从"昌明隆盛之邦，花柳繁华之地"中嗅出阵阵腐败没落的气息，并且看到它不可避免地走向灭亡的命运。书中描写的荣国府和宁国府，是一个"赫赫扬扬，已将百载"的华阀世族，是维系封建社会的骨干和中坚。曹雪芹以生动细致的笔触，解剖这个家族日常生活的各个侧面，描绘生活于其中形形色色的人物以及他们之间错综复杂的相互关系，揭示出他们在物质上和精神上面临的种种矛盾危机，从而使读者对封建社会的经济、政治、精神文化生活的基本面貌获得整体、形象的感受。

曹雪芹并没有把笔墨仅仅停留在事件叙述和情景描绘上面，他还深入人物的内心世界，在极为复杂的矛盾纠葛中展示出一个个各具特点的性格和灵魂，使卫道者的冷漠、叛逆者的抗争、理想者的憧憬、遁世者的孤寂……历历如在眼前。至于贾府诸人的精神世界，如祭祀喜丧的繁文缛节、大观园中的宴游嬉戏、房族长幼间的明争暗斗、仆妇丫鬟中的纷争口角、纨绔子弟里的争风斗殴、求情谋事者的奔走钻营，无不毕现，连一向为文学作品忽视的经济生活的细节也纤毫不遗。书中有一个"天上人间诸景备"的大观园，它反映的内容就像这座园林一样丰富多彩，蔚为大观。清代有人评论这部书是"翰墨则诗词歌赋、制艺尺牍、爰书戏曲，以及对联匾额、酒令灯谜、说书笑话，无不精善；技艺则琴棋书画、医卜星相，以及匠作构造、栽种花果、畜养禽鱼、针黹烹调，巨细无遗；人物则方正明邪、贞淫顽善、节烈豪侠、刚强懦弱，以及前代女将、外洋诗女、仙佛鬼怪、尼僧女道、娼妓优伶、盗贼邪魔、醉汉无赖，色色俱有，事迹则繁华筵宴、奢纵宣淫、操守廉贪、宫闱仪制、庆吊盛衰、判狱靖寇，以及讽经设坛、贸易钻营，事事皆全；甚至寿终天折、暴病亡故、丹戕药误，以及自刎被杀、投河跳井、悬梁受逼、吞金服毒、撞阶脱精等件，亦件件俱有，可谓包罗万象，囊括无遗，岂别部小说所能望其项背"（王希廉《红楼梦总评》）。而在更为广泛深刻的意义上，今人亦誉之为"封建社会的百科全书"。

青年男女的恋爱婚姻，是封建时代重要的社会问题，也是文学艺术的传统题材。《红楼梦》以相当多的篇幅描写了这一问题，尤以贾宝玉和林黛玉的爱情悲剧激起读者的同情、感慨和深思。全书真切细致地描述了贾、林由两小无猜到相知默契的感情历程，捕捉到青年男女在恋爱过程中时常出现的"又要好，又要恼"，越是"冤家"，越要"聚头"那样一种微妙复杂的心态，并淋漓尽致地展现出来，具有独特的艺术魅力。

### ◆ 艺术特色

《红楼梦》的艺术成就是多方面的，既带有浓郁的传统风格和民族特色，又能突破前人窠臼，具有鲜明的创新精神。

《红楼梦》是以一个封建贵族大家庭的日常生活和家务细事为题材的。在这类家庭中，每件大大小小的事件都各有其前因后果、来龙去脉、彼此攀扯、交互影响、积微见著、曲折发展的过程，要理出头绪已极困难，结构布局就更不易了。曹雪芹却成功地将一系列纷繁复杂的生活素材井然有序地组织在他的笔下，显示出非同寻常的艺术匠心。全书结构艺术的宏大精妙，令人叹为观止，有的研究者将它喻作层波迭涌的海浪，有的譬为壮丽伟奥的殿堂，有的比成经纬繁复的织锦，有的看作纵横交错的渔网。总之，一部《红楼梦》就是一个生动的艺术世界。

《红楼梦》以贾府盛衰和贾宝玉、林黛玉、薛宝钗之间的爱情婚姻纠葛作为贯穿全书的主要线索。在开始部分关于顽石通灵，随一干情孽下凡历世的神话，甄士隐小康之家的破败，"好了歌"及甄士隐的注解，在太虚幻境聆听的《红楼梦十二曲》等，都是以映照和隐喻的方式揭开全书悲剧序幕的。由于书中人物众多，复以冷子兴演说荣国府、林黛玉初进荣国府及乱判葫芦案等节，对贾府主要人物及其相互关系作了重点的介绍，以便读者能够了解全貌，把握人物关系和事件进程。又以刘姥姥"打抽丰"作引，始进入全书情节的主体部分。以后逐次写到王熙凤协理宁国府、弄权铁槛寺的赫赫威势，大观园的富丽景象和元春省亲的豪华排场，渲染出贾府"烈火烹油，鲜花著锦"的一时盛况。与此同时，宝玉、黛玉的爱情也在曲折发展，历尽风波。宝玉倾诉肺腑结束了他们间的纠葛，紧接着却因背离封建正统而招致其父毒打。刘姥姥二进贾府给大观园带来一系列游嬉宴筵的高潮。而从探春理家开始，则突出描写贾府矛盾迭出的境况，长幼主奴之争斗，兄弟房族之不和，嫡庶妯娌之猜忌，以致家反宅乱，危机四伏，终于导致抄检大观园之举。随着晴雯屈死，迎春误嫁，贾府没落之象已日益明显。接着是黛玉饱含悲愤离开人世，贾府诸人肆意妄为而导致抄家，就难避免分崩离析，"家亡人散各奔腾"的结局了。续书中虽然后来又写重沐皇恩，兰桂齐芳，家道复初，但宝玉仍悬崖撒手，毅然出家。这些情节环环相扣，疏密相间，前后呼应，错综穿插，跌宕起伏，张弛得宜，既注重整体照应，又具有充分灵活的特点，人物事件虽如万骑冲阵，纷至沓来，曹雪芹叙来却从容不迫，有条不紊。其中"宝玉挨打""抄检大观园"和"黛玉焚稿"是汇聚、牵动全书诸多情节线索的三个高潮，分布得当，扣人心弦。《红楼梦》结构艺术的严整缜密，显示出作者对封建社会内在规律已有较为深刻的认识，这种结构方式也使它具备了再现浑然繁富的生活场景的惊人能力。

《红楼梦》是依据生活中的本来面目对各种人物作如实描写，在鲜明生动的个性中显示他们的复杂内涵和发展过程，善于通过精细的描绘和变化的角度表现人物性格的各个侧面，艺术地再现出生活中完整的、真实的人物形象，使读者感到熟悉亲切。全书涉及的人物据有些资料统计达七百五十二位，其中可以称为典型形象的即有百人之多，这是它的主要成就之一。书中重要的人物形象都不是浓墨重彩一次完成的，而是随着情节的进展和人物关系的组合变化，多次点染皴涂，逐步饱满、鲜明、完整起来的。

◆ **影响**

《红楼梦》面世后，流传广泛，影响很大。嘉庆、道光年间，《红楼梦》续书如雨后春笋不断涌现，多达三十余种，如逍遥子《后红楼梦》、秦子忱《续红楼梦》、兰皋主人《红楼续梦》、陈少海《红楼复梦》、海圃主人《续红楼梦》、归锄子《红楼梦补》、临鹤山人《红楼圆梦》等。这些续书可大体分为两类，一类是从第一百二十回续起，另一类接在第九十七回后，而以前一种居多。它们以《红楼梦》的情节设计和风格特征为起点，从各自的感情倾向和艺术趣味出发，作了不同的演绎和发挥。水准高低不等，但缺乏震撼人心的力量。

清末的狭邪小说也受到《红楼梦》的影响。狭邪小说指以娼妓、优伶为主要描写对象的章回小说，如陈森《品花宝鉴》、魏秀仁《花月痕》、俞达《青楼梦》、韩邦庆《海上花列传》等。鲁迅《中国小说史略》第二十六篇指出："特以谈钗黛而生厌，因改求佳人于倡优，知大观园者已多，则另辟情场于北里而已。"稍后的鸳鸯蝴蝶派小说即由此繁衍而来。

《红楼梦》还被大量改编为其他文体。清代根据《红楼梦》改编成的传奇、杂剧有二十多种；韩小窗的子弟书《黛玉悲秋》是脍炙人口的名段。近代以降的《红楼梦》戏多达数百部，梅兰芳《黛玉葬花》、荀慧生《红楼二尤》是京剧精品。电影和电视连续剧也大量取材于《红楼梦》。《红楼梦》有英、日、俄、法等十几个语种的全译本或节译本，获得了世界性的文学声誉。在学术研究领域，晚清以来兴盛的索隐派和新红学也建立在《红楼梦》巨大影响的基础上。

# 第4章

# 科技类

## 综合类

### 《墨经》

《墨经》是中国古代逻辑思想的代表性著作。又称《墨辩》。今本《墨子》一书中六篇侧重讲辩学（逻辑学）的文章——《经上》《经下》《经说上》《经说下》《大取》和《小取》。

关于墨经六篇的成书年代，学界尚存争议。《墨经》一名出自《庄子·天下》篇："相里勤之弟子，五侯之徒，南方之墨者苦获、已齿、邓陵子之属，俱诵《墨经》，而倍谲不同，相谓别墨。"《墨辩》一名则始见于西晋鲁胜的《墨辩注叙》（又作《墨辩注序》）。鲁胜曾专门研究《墨子》中《经》《说》四篇，并写下《墨辩注》一书，但今仅存其序。在《墨辩注叙》中，他第一次称这四篇为《墨辩》："墨子著书，作辩经以立名本……《墨辩》有上、下经，经各有说，凡四篇。"顺其文意，《墨辩》当为"墨子所作辩经"之称谓。清代孙诒让著《墨子间诂》，他认为《墨经》和《墨辩》所指相同，"案《墨经》即《墨辩》"。庄子所言说明，战国后期已有"墨经"的称谓，但是指《墨子》书中哪些篇章却不得而知。鲁胜的《墨辩》之称，可有两种解释：①《辩经》确为墨子著述篇名之合称，鲁胜曾见于古代文本之中。他为了明确此一事实，以《墨辩》称"墨子所作辩经""'墨'以著其人，'辩'以别其书"。但是，墨子著书有否《辩经》篇目，鲁胜有否亲见，均不可考。②鲁胜以"辩"属"经"，称《经》《说》四篇为《辩经》，又冠以《墨辩》之名，无非是要明确和突现四篇所论之主题。

## 《梦溪笔谈》

《梦溪笔谈》是中国北宋沈括所撰写的历史笔记。《梦溪笔谈》内容涉及古代中国自然科学、工艺技术及社会历史现象，被称为"中国科学史上里程碑"。

### ◆ 作者概况

沈括（1031～1095），北宋官员、文学家、科学家。沈括字存中，号梦溪丈人。出生于杭州钱塘县，嘉祐八年（1063）进士及第，编校昭文书籍，为馆阁校勘，删定三司条例等职。因参与熙宁变法，为宋神宗器重，又迁太子中允、检正中书刑房、提举司天监，其间他添置浑仪、景表、五壶浮漏等仪器，又招卫朴编定新历，这些活动都体现了他对自然科学的看重，也为《梦溪笔谈》的撰写积累了素材。元丰三年（1080），沈括知延州兼鄜延路经略安抚使，后因受徐禧失永乐城（又名银川砦，今陕西米脂县西）事牵累，遭贬。为筠州（今江西省高安市）团练副使，晚年退居润州（今江苏省镇江市），筑梦溪园。绍圣二年（1095）卒于润州，归葬钱塘。

◆ **主要内容**

沈括学识渊博，兴趣广泛，对天文、地理、方志、律历、音乐、医药、金石等都颇有心得。他所著《梦溪笔谈》一书，不同于宋代其他笔记多偏于政治史，其内容包罗万象，对自然科学、工匠技艺、文学艺术、政治军事诸方面内容都有记载。

### 自然科学

《梦溪笔谈》所录自然科学包括天文历法、地理形胜、数术物理、生物医药等多方面内容，基本涵盖了中国古代科学研究的各个领域，对于科学史研究具有非同寻常的意义。天文历法领域的以"晷漏""测真太阳日之法"与"十二气历"说，地理领域的流水侵蚀地貌，物理领域的共振现象、铜镜光透现象，数学领域的会圆术（由弦求弧之法），生物领域的固化石分布与成因等记录，在世界历史上都是首次。因其卓越而丰富的科学记录，《梦溪笔谈》在国际上也受到重视，英国科学史家李约瑟评价它是"中国科学史上的坐标"。

### 工匠技艺

对工匠及其劳动技术的记录也是《梦溪笔谈》的重要内容。如关于"布衣毕昇"制泥活字印刷的记录，对研究中国印刷术发展史具有不可或缺的价值；对宋初匠人喻浩及其所著《木经》的记录，为建筑史研究提供了重要史料；对于土地测量、金属冶炼、井盐开采等技艺的记录，是了解与研究宋代手工业发展的窗口。

### 文学艺术

《梦溪笔谈》中有30多条语言学方面的记述，内容涉及音韵、文字、训诂诸方面，是研究古代语言学的宝贵资料。沈括多才多艺，精通乐律，《梦溪笔谈》中与音乐相关的记述有 40 多条，研究并阐述了古代音乐的音阶理论；记述了唐宋燕乐的起源、调式、词谱等内容；考证了奚琴、羯鼓、阮等乐器的形制、流变与演奏之法。

### 政治军事

沈括为官多年，经历了熙宁变法，又有经略边关的经历，对于北宋中期的职官制度、仪礼规制、政治事件都颇为了解，亦有心得，这些内容也被他记入《梦溪笔谈》之中。沈括在西北期间亲历战事，战争过程、攻防形势、城防营造等在《梦溪笔谈》中也多有记载。这些政治军事内容也成为研究中国古代历史尤其是宋史的宝贵史料。

## 《天工开物》

《天工开物》是中国明代农学与工艺学的综合性科技著作。

宋应星著。宋应星（1587～?），字长庚，江西奉新县人，明末清初科学家，明万历四十三年（1615）举人，曾任江西分宜县教谕、汀州推官、亳州知府。另著有《野议》《论气》《谈天》《思怜诗》等。

《天工开物》初版于崇祯十年（1637）。全书分上、中、下三部，18 卷，6 万余字，插图 120 余幅。按"贵五谷贱金玉"的顺序编次，涉及农作物种植、蚕蜂饲养、矿石采集、榨油、制糖、制盐、制曲、造纸、冶炼、车船、兵器制造等很多农业与手工业技术。工艺美术内容包括纺织、彰染、陶瓷、制墨、玉石及金属工艺等。对景德镇烧瓷的工艺与分工、纺织工序与机械（如复杂的提花机）及各种先进的金属铸造工艺的记述，都非常难得。宋应星不仅善于吸收前人著述的成果，还能深入生产现场，掌握了大量第一手材料，提供了很多宝贵的数据，表现出卓越的科学精神。

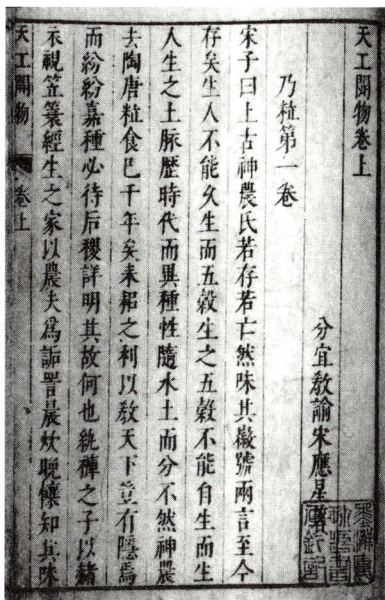

《天工开物》书影

刊行后，清初的《古今图书集成》及《授时通考》等都有摘录，可惜未能收入《四库全书》，竟至湮没。约17世纪末以前传入日本，产生很大影响，甚至兴起"开物之学"。后又传入欧亚诸多国家，以日、英、法等语言广泛流传，被誉为"中国17世纪的工艺百科全书"。20世纪20年代，中国学者丁文江带回日本翻刻本，数年即印行6次。梁启超的《中国近三百年学术史》将其与《徐霞客游记》并称为"那个时代最有价值的作品"，至此重获中国学界承认与重视。后又发现初刻版本，使研究更进一步。

# 农学类

## 《氾胜之书》

西汉氾胜之所著，记录了西汉时期关中地区旱作农业生产技术的农书。《汉书·艺文志》著录为《氾胜之十八篇》，《氾胜之书》是后世通称。

氾胜之，西汉末年人，中国古代杰出农学家，生卒籍贯无明文记载。据考，其在汉成帝时任议郎，曾在长安附近（今陕西关中平原）指导农业生产，成效显著，转任御史。《氾胜之书》是他对西汉关中平原农民长期生产经验的高度总结。

《氾胜之书》惜佚于宋，现流传为辑佚本，仅存 3500 字左右。清代曾有 3 种辑佚本，洪颐煊的《氾胜之书》、宋葆淳的《氾胜之遗书》和马国翰的《氾胜之书》。现代石声汉著有《氾胜之书今释》，万国鼎著有《氾胜之书辑释》。

该书的主要内容有播种日期选择，种子处理方法，作物收获，留种贮藏，区田法（又称区种法），还包括禾、黍、麦、稻、稗、大豆、小豆、枲、麻、瓜、瓠、芋、桑 13 种作物的具体栽培方式。该书提出了耕作的总原则"凡耕之本，在于趣时，和土，务粪泽，早锄早获"。区田法是该书的重要内容，是一种通过集约水肥、精耕细作的方式，以达到抗旱保墒、提高亩产目的的方法。该法要求作物种在带状低洼或方形浅穴小区内，区的尺寸、数量、行距、深度等都有具体规制，但由于该法耗时费力，未能得到大面积推广。另外，该书中的溲种法、成本收益的核算、应用于草本（瓜类）植物的嫁接法、调节稻田水温法等都不同程度上体现了科学和精耕细作的精神。

《氾胜之书》反映了西汉时期中国黄河流域的农业生产技术已达到较高水平。其对北方旱地农业生产指导和农耕技术的推广具有积极意义，也对后世农书有着深远影响。

# 《齐民要术》

贾思勰著。中国现存最早和最完整的农学著作。也是世界农学名著之一。"齐民"即平民,"要术"是民众生产和生活所必备的技术知识,书名高度概括了全书的内容和宗旨。

## ◆ 内容

此书系统总结了北魏及其以前黄河流域的农业生产知识和技术经验,内容包括土地耕作、农作物栽培、果蔬林木种植、家畜饲养、农产品加工贮藏以及食品烹饪等各个方面。全书由序、杂说和正文3部分组成。其中"杂说"篇,多数学者认为是唐代人添加进去的。正文部分共有10卷92篇,11万余字,其中大字正文约有7万字,小字夹注有4万余字,大部分是作者本人手笔。书的内容非常广泛:第1卷包括耕田、收种、种谷3篇;第2卷包括禾谷类、豆类、麻类、瓜类、芋等13篇;第3卷包括葵、蔓菁、葱、蒜等蔬菜作物14篇;第4卷包括园篱、栽树、种枣、插梨等14篇;第5卷包括栽桑养蚕、竹、木及染料作物等11篇;第6卷包括牛马驴骡、羊、猪、鸡、鹅鸭和养鱼6篇;第7卷包括货殖、涂瓮、造曲、酿酒等6篇;第8、9卷包括酿造、制酱、作菹、饼法、醴酪等食品调制和贮藏加工,外加煮胶和制笔墨法,共24篇;第10卷介绍了149种产于南方的"五谷果蓏菜茹"。综观全书,范围很广,包揽了农林牧副渔各个方面,确是"起自耕农,终于醯醢,资生之业,靡不毕书"。书中所介绍的农业生产技术以种植业为主,兼有蚕桑、林业、畜牧、养鱼、农副产品贮藏加工以及食品烹饪等多个方面。在种植业方面则主要介绍了粮食作物，兼及纤维作物、油料作物、染料作物、园艺作物等的记载。从地区上说，以黄河中下游为主，同时也涉及南方和其他一些地区的生产技术。《齐民要术》内容和规模均大大超过先秦两汉农书，有"中国古代农业百科全书"之称。

◆ 特点

《齐民要术》不仅系统总结了北魏以前有关农业生产的文献资料，且研究了《氾胜之书》以后至成书前北方旱地农业的新经验、新成就。内容承上启下，对中国乃至世界农业的发展均有深远影响。在土壤耕作方面，以抗旱保墒为中心，总结出了"耕－耙－耱"的整套耕作技术体系。指出不同季节、不同地势、不同土质、不同墒情，应当采用不同的耕作措施。在种植制度方面，书中总结出 20 多种轮作方式，其中的谷类和豆类轮作、绿肥与粮食作物轮作等方式，充分肯定了绿肥和豆科作物的肥田作用，包含着"用地与养地相结合"的丰富经验。在选育种工作方面，记载了 97 个粟、12 个黍、6 个穄（糜子）、4 个粱（谷子）、6 个秫（高粱）、8 个小麦、36 个水稻品种，并列述各品种的名称，还按成熟期、产量、性状、抵抗各种灾害能力等方面进行归类描述，并指出选种的原则、标准、方法和保纯措施，将中国古代的选育种技术提高到了一个新的水平。蔬菜栽培方面，总结了一些流行于民间的特殊技术。例如利用顶土力强的大豆帮助瓜子破土出芽，用水微煮韭菜子以快速测定种子的新鲜程度，利用大蒜薹上的气生鳞茎（"条中子"）繁殖大颗蒜头并使之增产，以及选取"本母子瓜"（1 棵中最早结出的瓜），中间段的瓜子作种使瓜早熟、瓜形周正饱满等等。在果树栽培方面，首次介绍了梨的嫁接技术，指出了"木边向木，皮还近皮"的技术要领和梨的远缘嫁接经验，介绍了旨在提高坐果率的"嫁枣"技术和"振落狂花"的疏花技术，还总结了民间用熏烟方法防霜的经验。在畜牧方面，注重饲养管理、良种选育、外形鉴定和阉割技术。书中还介绍了果蔬贮藏加工和酿酒、制酱、造醋、作豉等各种食品加工技术，还特别将北方少数民族的作酪法等乳品加工技术介绍到中原来。有关南方植物的介绍，保存了不少佚书的记载，实为研究南方植物的珍贵资料。除上述农业生产技术成就外，《齐民要术》在动植物遗传变异性认识、酿造过程中微生物活动的观察与利用，以及农业经营等方面也有重要贡献。

◆ **评价**

《齐民要术》系统总结了北魏及其以前的农业生产经验，并从理论上加以提高，对黄河流域精耕细作技术的发展做出了重大贡献，对中国南方的农业生产也有重要影响，不少技术经验直至今天仍在发挥作用。在中国传统农学发展史上，此书是一个重要的里程碑，为后世农学的发展树立了榜样。此后出版的大型综合性农书，如王祯《农书》和《农桑辑要》《农政全书》《授时通考》等，均仿照《齐民要术》的体例，摘录《齐民要术》的材料。其他许多地方性、专业性或月令式小农书也多引述《齐民要术》资料，以《齐民要术》为渊源。此外，此书还保存了许多现已散失的农业技术资料，如《氾胜之书》《食经》《相马书》《广志》等，成为后世古籍辑佚和考订的依据。

# 《王祯农书》

《王祯农书》是中国元代的综合性农书，也是继《齐民要术》之后中国第二部大型综合性古农书。

作者王祯，字伯善，东平（今山东东平）人。曾任宣州旌德（今安徽旌德）及信州永丰（今江西广丰）县尹。该书大约编写于作者在旌德县任职期间，成书于元仁宗皇庆二年（1313）。明代初期被编入《永乐大典》。明清以来，刊本很多。1981年出版了经过整理、校注的王毓瑚校本。

全书包括《农桑通诀》《百谷谱》和《农器图谱》3个部分，13万余字。第一部分"农桑通诀"，6卷19目，具有农业通论性质，相当于耕作总论，论述了广义农业的内容和范围。主要内容包括农业、牛耕、桑业起源（农事起本、牛耕起本、蚕事起本3目）；农业与天时、地利及人力之间的关系（授时、地利2目）；作物栽培（耕垦、耙耢、播种、锄治、粪壤、灌溉、收获7目）；林牧蚕桑（种植、畜养、蚕缫3目），鸡肋蓄积（劝助、孝弟力田、蓄积、祈报4目）。第二部分"百谷谱"是作物栽培各论，共11卷（《农书》22卷本《百谷谱》为4卷），分为谷属、蓏属、蔬属、果属、竹木、杂类和饮食7项，共83目，现存81目。此部分内容以粮食作物为主，兼论蔬菜、林果等的栽培、保护、收获、贮藏和加工利用等方面的技术与方法。第三部分"农器图谱"是农业工具和农业机械的图谱，共20卷（《农书》22卷本《农器图谱》为12卷），261目，插图280多幅（一说306幅）。《农器图谱》篇幅约为《农书》的4/5，是《农书》的重点构成部分。王祯既是农学家，也是机械工程学家，他既留意古今机械的制造，又亲自考察京师（今北京市）、江、浙、赣等地的民间农田与纺织机械构造，因此《农器图谱》也是《农书》最为突出的部分。此部分包括田制、耒耜、钁锸、钱镈、铚艾、耙扒、蓑笠、蓧蒉、杵臼、仓廪、鼎釜、舟车、灌溉、利用、麰麦、蚕缫、蚕桑、织纴、纩絮、麻苎20门农器，末尾附杂录。每一门既有对各项农器的构造、来源、演变和用法的描述，又配有插图，全面论述了农具与农业机械研究的发展情况，是中国古代农书中有关农业机械记述与讨论的杰出著作，在综合性农书中具有开创意义，对后世影响深远。

此书的主要特点：①能兼论南北方农业技术。在此以前的农书，所述多以黄河流域的经验技术为主，此书则因作者既熟悉北方农业生产，又因在南方数任地方官，故能比较南北异宜。②对土地利用方式和农田水利叙述颇详，如对圩田、围田、柜田、架田、梯田、涂田等多种农田形式和许多水利设施及工具的作用和效益都有所论述。③能广泛介绍各种农具，可谓是此书最大特色。书中对传统的大小农具和新出现的农具逐一叙述，并能对它们的性能和效率加以比较，说明了作者不但是一位农学家，也是一位工艺学家。书中"田制门"后附录"法制长生屋"和"造活字印书法"，是在防火建筑和活字印刷方面的重要贡献。

## 《陈旉农书》

中国宋代论述南方农事的综合性农书。

作者陈旉（1076～1154），自号西山隐居全真子，又号如是庵全真子。生于南北宋交替、南宋偏安江南的战乱时期,居无定址,经常辗转于长江南北一带,后在真州(今江苏仪征)西山隐居务农。他重视农业生产,立志要以"樊迟之学"(农圃之事)作为自己毕生的事业,决心以撰写《农书》为己任。经过长期的躬耕力行,他把书本知识与生产实践融会贯通,在 74 岁时(1149)写成此书,经地方官吏先后刊印传播。明代收入《永乐大典》,清代收入多种丛书。18 世纪时传入日本。

全书 3 卷,22 篇,1.2 万余字。上卷 14 篇,是农业经营与栽培总论,论述农学思想和农业技术等,突出稻作,是全书的主体部分;中卷 2 篇,论述耕牛的经济地位、饲养和牛病防治等,是现存古农书中第一次用专篇系统讨论耕牛问题;下卷 5 篇,论述养蚕、收茧及桑树种植、管理等种桑养蚕技术。

陈旉以前的农书多为北方黄河流域一带的农业经验总结,此书则为第一部反映南方水田农事的专著,同时因作者亲自务农而具有理论和实践上的特色。他特别强调掌握天时地利对于农业生产的重要性,指出耕稼是"盗天地之时利",具有与自然做斗争的精神;提出"法可以为常,而幸不可以为常"的观点,认为法就是自然规律,幸是侥幸、偶然,不认识和掌握自然规律,"未有能得者"。因此,在一系列农耕措施中,都有超越前人的新观点。如"地力常新壮"论,就是对中国古代农学史上土壤改良经验的高度概括。他在"粪田之宜篇"中说,尽管土壤种类不一,肥力高低,但都可改良;认为前人所说的"田土种三五年,其力已乏"并不正确,主张"若能时加新沃之土壤,以粪治之,则益精熟肥美,其力当常新壮矣"。书中对开辟肥源、合理施肥和注重追肥等措施,都有精辟见解。在"耕耨之宜篇"中论述当时南方的稻田有早稻田、晚稻田、山区冷水田和平原稻田4种类型，分别阐述了整地和耕作的要领；在"薅耘之宜篇"中讲到稻作中耘田和晒田的技术要求，强调水稻培育壮秧的重要性等，都是中国精耕细作传统的继承和发展。此外，本书在养牛和蚕桑部分也有详细的论述，反映了中国古代农业科学技术到宋代达到了新的水平。由于作者对黄河流域一带北方农业生产并不熟悉，因而把《齐民要术》等农书，讥为"空言""迂疏不适用"，则是他思想和实践局限性的反映。

# 地理与探险类

## 《山海经》

《山海经》是中国古代地理、神话传说著作。

今传本18卷，包括《山经》5卷、《海经》8卷、《大荒经》4卷、《海内经》1卷。旧传是禹、益所作，一说出自"禹鼎图"，都不可信。

《山海经》的《山经》和《海经》各成体系，成书时代也不相同。《山经》为巫祝之流根据远古以来传说记录的巫觋之书，专门记述海内各方名山大川、动植物产、祯祥怪异、祭祀所宜。写定时代，一般认为是战国初期或中期。《海经》为方士之书，专门记载海内外殊方异国传闻，夹杂大量古代神话，是秦或西汉初年的作品。至于《大荒经》和《海内经》，据考本为《海经》中的文字，西汉刘秀（即刘歆）校订《山海经》时定为13篇，删去部分内容，没有进上，逸出在《山海经》之外继续流传，称《大荒经》和《海内经》。大约在晋郭璞为《山海经》作注时，才又将它们收录进来，独立成篇。

《山经》又称《五藏山经》，因《山经》末行云："右五藏山经五篇。""藏"，意同"内""山经"上加"五藏"两字，是说这5篇所记述的山川都在内地，即华夏范围之内。《山经》所载山川大部分是历代巫师、方士、祠官的踏勘记录，经长期传写编纂，多少会有所夸饰，但仍具有较高的正确性。部分偏远地区资料采自传闻，无从核实，离地理实际相当远。记述方式先按大方位分成5区，即以南山经、西山经、北山经、东山经、中山经命名；次将每区的山分为若干行列；然后每一列从首山曰某山叙起，依次叙又某向若干里曰某山；山下叙某水出焉，某向流注于某水或泽或海，或无水。全部《山经》共载有447座山，其中见于汉晋以来记载，可以指实确切方位者为140座左右，占总数三分之一。这140座中的半数属于《中山经》，半数分属于南、西、北、东四经，而极不平衡。对今豫西、晋南、陕中地区的记载最为详确，离开这个地区越远，越疏略差谬。

《南山经》东起今浙江舟山岛（漆吴山），西抵湖南沅水下游（柜山），南抵广东南海（《南次三经》诸水所注海）。可指实的最北一座山"浮玉山"，即今浙江东天目山。连带叙及的"具区"，即今太湖。

《西山经》东起山西、陕西间的黄河，南达陕甘秦岭山脉，北抵今宁夏盐池西北（申首山）、陕西榆林东北（号山）一线，西南抵甘肃鸟鼠山以及青海湖（西海）、倒淌河（凄水），西北可能到达新疆阿尔金山（翼望山）。

《北山经》西起今内蒙古腾格里沙漠（漨、滑、彭水注于此），东抵河北中部（北次三经所见河水下游），南起山西中条山，北抵内蒙古阴山以北，北纬 43° 迤北一线（嚣水所注敦题山所临）。

《东山经》西起今山东泰山，东抵成山角（胡射山），北抵长山岛（盉山），南尽安徽濉河（恩水）。

《中山经》自首山经至七山经，当今晋南豫西地。八山经为今鄂西地，十、十一山经为今豫西南地，十二山经为今湘北赣北地，皆在南、西、北、东四经之中。唯九山经地处西南，西起四川盆地西北边缘（来山、崌山、岷山、章山），东至四川东部，并不居中。

《山海经》的《海外经》《大荒经》和其他各篇，都保存了大量的神话传说。这些资料具有重要的文学价值和史料价值，对研究中国的原始社会和上古的姓氏、部族，以及考察上古人对宇宙、自然和社会历史的认识，都有重要意义。

在《山海经》里称帝的共 12 人，他们都是天帝，居住在天上，但也有地上的都、台、囷、時，妻子和儿女，其儿女在下界建立国家。这说明帝本是某一部族的先祖。根据《山海经》的记载，黄帝是西方的天帝。他不仅是颛顼的曾祖、鲧的祖父，而且是中国境内和四裔许多部族共同的祖先，这对研究中华民族史有重要价值。帝俊不见于他书，也没有列入三皇五帝之中，所以学者纷纷猜测他是另一帝的别号。但是《山海经》关于帝俊的 12 条记载，没有一条与经中其他天帝的事迹重复，而且帝俊的名号往往与其他天帝在一篇中同时出现。可见他是《山海经》中独有的天帝。《山海经》把农、工、车、舟、琴瑟、歌舞的发明权都归于帝俊，并说他和羲和生了十日，又生了十二月，则又与天文历法有关。帝俊的后代多在东方，或许他是东方代表智慧的天帝。《山海经》中还记载了一些人王和他们的事迹，如大禹治水、禹所积石、禹攻共工、启上嫔于天等。其中《大荒东经》关于王亥的记载，曾引起史学界的注意。

《山海经》有晋郭璞注本。清人郝懿行有《山海经笺疏》。近人有袁珂《山海经集释》。

## 《水经注》

《水经注》是记载北魏前的园林史料。郦道元著。郦道元（？～527），字善长，北魏范阳人，中国古代地理学家，性好"访渎搜渠"，初袭爵永宁侯，后四处为官。郦道元于太和十七年（493）及十八年（494）夏天两次跟随孝文帝出巡，行程万里，几乎周游了北魏所辖区域。熙平（516～518）年间，郦氏赋闲在家，为《水经》注疏，原书所载137条河流，被扩充到1252条河和1344处泉、池、淀、坑、湖、泽、渠、陂等水体。

《水经注》共记载园林169个，其中皇家园林97个，私家园林17个，寺观园林24个，自然风景16处，郊区及城市公共园林12处，名胜古迹3处。书中关于园林、风景名胜古迹记叙较详，皇家园林次之，私

**明嘉靖刻本《水经注》**

家园林最少。这些资料虽然片言只语，未尽翔实却可靠，成为北魏前的园林史料。倘若按朝代统计《水经注》摘录园林史料，上古时代1处，夏朝2处，商朝2处，西周3处，春秋战国26处（其中秦上林、汉上林以1处计为两汉园林），两汉49处，魏晋南北朝49处（曹操铜雀园和赵石虎铜雀园计一处，曹魏华林园与西晋华林园计一处）。

## 《徐霞客游记》

《徐霞客游记》是世界上第一部系统地记载和探索喀斯特地貌的巨著，也是一部以日记体裁为主的地理名著。

作者为徐霞客。徐霞客是中国以旅行为毕生事业的第一人。其《徐霞客游记》为卓越的地理学著作，对祖国广大地区山川形胜、岩石地貌、水文气象、生物矿产、居民风俗，均有系统翔实的记述。他以目验的事实，修正了许多古代地志沿误之处，破除了若干迷信臆说。他从朴素的科学方法出发，阐明了地下水压力原理，得出河流流速与流程成反比的分析；观察到地形、气温、风速对植物生态的影响。特别是他实地勘查了100多个石灰岩溶洞，正确指出岩溶地貌的成因和特征。这一发现，早于欧洲人约两个世纪。而徐霞客用目测步量取得的数据，与现代测量结果十分相近。这就使《徐霞客游记》一书具有重大的科学价值。

《徐霞客游记》还是优美的游记文学作品。明代以前，虽已出现用日记体写的记游散文，但都不及《徐霞客游记》博大宏丽，用《水经注》以来的游记专著与之相比，不啻片玉之与昆山。《徐霞客游记》在文学上的特点是：①写景记事，悉从真实中来，具有浓厚的生活实感。如《楚游日记》中麻叶洞探幽一节，以千余字篇幅，写其从方圆尺许之穴口入洞，"蛇伏以进，背磨腰贴"，渐次发现洞中各种佳境，曲折上下，凡经一里余始"穿窍而出"，致使土人奉他为"大法术人""顶额称异"。文章将洞中的奇景、爬行的艰辛以及土人心情的变化，据实写出，毫无虚构痕迹。这种写实特色，贯于《徐霞客游记》全书。②写景状物，力求精细，远较前人游记细致入微。如《滇游日记十》中对腾越州硫磺塘的描写："……溯小溪西上，半里，坡间烟势更大，见石坡平突，东北开一穴，如仰口而张其上腭，其中下绾如喉，水与气从中喷出，如有炉橐鼓风煽焰于下，水一沸跃，一停伏，作呼吸状。跃出之势，风水交迫，喷若发机，声如吼虎，其高数尺，坠涧下流，犹热若探汤；或跃时，风从中捲，水辄旁射，揽人于数尺外，飞沫犹烁人面也。余欲俯窥喉中，为水所射，不得近。"文笔细密，一如工笔藻绘，使对象具有了质感和立体感。③词汇丰富，敏于创制，绝不因袭套语，落入窠臼。如《游雁宕山日记》中对雁宕诸峰之形容，使用了"危峰乱叠，如削如攒，如骈笋，如挺芝，如笔之卓，如幞之敧""袈裟伛偻""奇巧百出""流霞映采""亭亭插天""重岩陡起""环绕回合""开张峭削""冰壶瑶界""下伏如邱垤""如行刀背"等形象，比譬生动，互不重复，致使全书辞藻富丽，蔚为大观。④写景时注重抒情，寓情于景，情景交融。如《浙游日记》一节："江清月皎，水天一空，觉此时万虑俱净，一身与村树人烟俱熔。彻成水晶一块，直是肤里无间，渣滓不留，满前皆飞跃也。"像这种托出意境、情景交融的好文字，全书中不时出现，给人以强烈美感。⑤写景时亦注意表现人的主观感觉。如《滇游日记六》一节："盖兰宗所结庐之东，有石崖傍峡而起，高数十丈，其下嵌壁而入，水自崖外飞悬，垂空洒壁，历乱纵横，皆如明珠贯索。余因排帘入嵌壁中，外望兰宗诸人，如隔雾牵绵，其前树影花枝，俱飞魂濯魄，极罨映之妙。崖之两畔，有绿苔上翳，若绚彩铺绒，翠色欲滴，此又化工之点染，非石非风，另成幻相者也。"这段文字，表达作者对崖前瀑布的视觉感受，写得相当优美。⑥写景状物常运用动态描写或拟人手法。如"人意山光，皆有喜态""诸峰娟娟攒立，岚翠交流"；"岑上乱石森立，如云涌出""山石忽怒涌作攫人状"；"岚光掩映，石色欲飞""穿瑶房而披锦幛，转一隙复攒一峒，透一窍更露一奇，至狮、象、龙、蛇夹路而起，与人争道"。凡此描写，都使对象人格化、性格化，成为情趣盎然的"动画"。

徐霞客丰富的描绘手段使他的游记文章表现出很高的艺术性，具有恒久的审美价值。此外，他在记游的同时，还常常兼及当时各地的居民生活、风俗人情、少数民族的聚落分布、土司之间的战争兼并等情事，多为正史稗官所不载，具有一定历史学、民族学价值。他还在记述遭劫被盗、兵匪横行、官府暴虐、小民涂炭等内容时，常表露自己对奸恶势力的憎恨和对人民的同情。凡此种种，使《徐霞客游记》被后人誉为"世间真文字、大文字、奇文字"。

当然，徐霞客仍然有他一定的局限性。《徐霞客游记》中不时流露宿命论和宗教迷信思想，相信"佛教之神也，于是乎征矣"，等等。但这只是白璧微瑕，不足以掩盖《徐霞客游记》在中国文学史上、中国地理学史上的地位。

# 《大唐西域记》

佛教史籍。又称《西域记》。玄奘述、辩机撰文,十二卷。此书系玄奘奉唐太宗敕命而著,贞观二十年(646)成书。书中综述贞观元年(一说贞观三年)至贞观十九年玄奘西行之见闻,记述了玄奘所亲历(110 个)及获得传闻(28 个)的城邦、地区、国家之概况,内容涉及疆域、气候、山川、风土、人情、语言、宗教、佛寺以及大量的历史传说、神话故事等,为研究中古时期中亚、南亚诸国的历史、地理、宗教、文化和中西交通的珍贵资料,也是研究佛

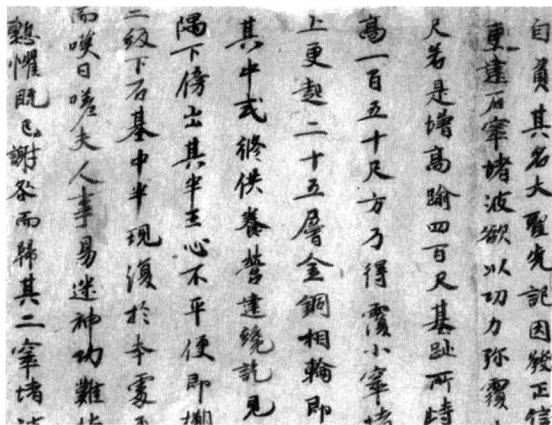

敦煌写本《大唐西域记》书影

教史学、佛教遗迹的重要文献。晚近以来,印度那烂陀寺的废墟、王舍城的旧址、鹿野苑古刹、阿旃陀石窟得以再现,《大唐西域记》的记载对其有着不可取代的作用。

《大唐西域记》有法文、英文、日文等译本。清丁谦著有《大唐西域记考证》。1977 年,上海人民出版社出版了由章巽校点的《大唐西域记》,并附新编总目录。1981 年,中华书局影印了向达所辑《大唐西域记古本三种》(敦煌本、福州藏本和金藏本)。1985 年,中华书局又出版了由季羡林等校注的《大唐西域记校注》本。

# 《穆天子传》

中国先秦时期的典籍。

西晋初年，在汲郡（今河南卫辉）发现一座战国时期魏国墓葬，出土一大批竹简，均为重要文化典籍，通称"汲冢竹书"，其中有《穆天子传》《周穆王美人盛姬死事》，后合并为至今流传的《穆天子传》。

《穆天子传》主要记载周穆王率领七萃之士，驾赤骥、盗骊、白义、逾轮、山子、渠黄、骅骝、绿耳等骏马，由造父御车，伯夭作向导，从宗周出发，越过漳水，经由河宗、阳纡之山、群玉山等地，西至于西王母之邦，与西王母宴饮酬酢的故事。其中的宗周，经学者研究，认为是指洛邑（今河南洛阳）；穆王的西行路线，当是从洛邑出发，北行越太行山，经由河套，然后折而向西，穿越今甘肃、青海、新疆，到达帕米尔地区（西王母之邦）。

《穆天子传》所提供的材料，除去神话传说和夸张的成分，有助于了解先秦时期中西交通路径，古代各族分布、迁徙的历史和他们之间的友好交往，以及文化交流情况，说明远在汉武帝刘彻派张骞通西域以前，中国内地和中亚之间就已有个人和团体的交往接触。这一点有不少考古材料可资证明。

晋郭璞为此书作注。清檀萃有《穆天子传注疏》，其后有洪颐煊校正本，继洪氏而作者有翟云升之《覆校穆天子传》。今有丁谦《穆天子传地理考证》、顾实《穆天子传西征讲疏》等作品。

# 工程与建筑类

## 《考工记》

《考工记》是中国古代最早关于手工业工艺技术规范的著作，齐国人记录手工业技术的官书。作者不详，约成书于春秋战国（公元前770～前221年）之际，共7000余字。又称《周礼·考工记》。

《考工记》上承三代青铜文化之遗绪，下开封建时代手工业技术之先河。相传，西汉时整理《周官》六官，由于缺少《冬官》篇，于是以《考工记》补之。后《周官》改名《周礼》，《考工记》遂成为《周礼》之一篇，又称《周礼·考工记》。

《考工记》大致分为两个部分，第一部分是对手工业职业岗位的结构划分，另一部分是关于手工产品的规格质量标准、操作流程和检验方法。《考工记》中明确了"百工"在社会中的重要地位，所谓"审曲面势，以饬五材，以辨民器，谓之百工"。书中有专门篇章"匠人营国"，最早记述了建筑行业和相关建筑的形制与技艺，记录了木工、金工、皮革工、染色工、玉工、陶工6大类30个品种，其中6种已经失传，实存25个工种内容。书中也反映出在手工艺管理方面，中国在周朝已经形成了专项的管理制度。自"司空"开始，国家层面有专门管理工程的最高职务，出色的手工匠人成为国家雇员，并且世代传承，并逐渐发展成后代中国特有的工官制度。

《考工记》的工艺思想是周代社会制度下产生的多种思想在长期工艺造物过程中的综合和提炼，并在发展中形成了中国最初的工艺造物理论，对后世的工艺思想影响巨大。《考工记》中形成的中国传统的工艺思想，即"天时、地气、材美、工巧"的系统思想，以及"百工"造物以"用"为经。它将天、地、材、人诸因素有机地结合，构成了中国手工业生产的综合要素思想体系，是中国形而上的文化精神之"道"对形而下之"器"的规约，也是对中国传统造物思想核心的精要表述。

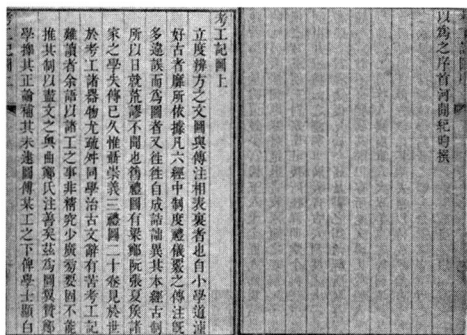

《考工记图》刻本

## 《营造法式》

《营造法式》是中国宋代创作的、内容丰富的建筑学著作。

北宋绍圣四年（1097）将作少监李诫奉令编修，元符三年（1100）成书，崇宁二年（1103）刊印颁行。书中内容在行政管理上除对"关防工料"有具体要求外，还侧重于建筑设计和施工规范，并有图样，是了解中国古代建筑学、研究古代建筑的重要典籍。

《营造法式》全书 34 卷。书前另有看详、目录各相当一卷。"看详"的内容主要是理论或历史传统根据的阐释。卷一、卷二为"总释"，考证诠释 48 种建筑物或建筑构件的名称来源、历史沿革，并列举了各种同物异名和俗称。卷二之末附有"总例"，是全书通用的定例。卷三至卷十五为"制度"，包括建筑物各个部分的设计规范。卷十六至卷二十五为"功限"，详细列举各种工程所需的制作和安装的单位工作量。

卷二十六至卷二十八为"料例",规定使用材料的限量。卷二十九至卷三十四为图样。在《营造法式》中,关于建筑的设计、施工、计算工料等各方面的记叙相当完善。首先是较详细地说明了"材份制",使人们知道古代建筑设计的根本法则,其为古代一种完善的模数制。其次是大木作图样提供了殿堂、厅堂两类断面图,使后人认识到两种屋架的结构形式的不同之处。

## 《水经》

《水经》是中国第一部记述全国河道水系的专著。约成书于三国初期(220 ~ 232)。作者姓名失传,唐代有桑钦为其作者的说法,流传于后世,但无实证。

《水经》首次系统地以河流水道为纲,以全中国为范围,比较系统地记述了每条河的源流,确立了因水证地的方法,对后世影响深远。据考证,《水经》每水一篇,共137篇,现存123篇,书末附载日南(今越南中部)的水名20个。《水经》记述简略,全书只有约7000字,原书已失传,今附见于《水经注》中。由于传世久远,传抄辗转,错讹散失很多,还有的经注混淆,不易分辨。因此书有公认的价值,但太简略,故有晋代郭璞和北魏郦道元为其作注。

## 《鲁班经》

中国古代有关民间房屋营建和家具制造的木工匠用书。全名《新镌京版工师雕斫正式鲁班经匠家镜》。成书于明代。系将民间流传的有关房屋、家具及生活用具的木工口诀传抄合订成书，并托以鲁班（原名公输般，春秋时鲁国人，后世尊为建筑工匠和木匠祖师）之名。

《鲁班经》的传世版本主要有两个：①国家文物局藏明万历（1573～1620）年间刻本。是一个残本。其卷一散佚大部，仅存后半部 8 个条目，卷二、卷三和附录齐全。此刻本插图线条流畅，姿态生动，画面完美，是各版本中插图最精美者。②中国国家图书馆藏明崇祯（1628～1644）年间刻本。书前刻有午荣汇编、章严全集、周言校正，没有虫蛀、脱叶，首尾齐全，是现存各版本中最完整的一部。其卷一比万历本增添箕盘、手水车、踏水车、推车 4 个条目。书名、插图、文字、编排版次皆与万历本同，插图亦甚精美，但人物衣纹无粗细变化，艺术性略逊于万历本。

《鲁班经》有文 3 卷，另有附录。卷一，起自鲁班仙师漂流，止于凉亭水阁式。内容为民间房屋营建的大木工技术口诀，版本基本上是前文后图，文中夹带韵文口诀。卷二，起目仓敖式，止十围棋盘式。内容包括建筑、畜栏 13 条，家具 34 条，日用器物 16 条。版式基本上也是前文后图。卷三，含起造房屋吉凶图式 72 例，版面为上图下文，内容为阴阳五行之说，多为迷信之属。附录内容比较庞杂，大多与房屋营建的迷信活动有关。书中有关家具的部分主要是叙述家具的下料和家具制作的构件尺寸，是研究明式家具的重要文献。所述家具包括杌子、板凳、禅椅、交椅、八仙桌、琴桌、衣箱、衣柜、大床、凉床、藤床、衣架、面盆架、座屏、围屏等。后人完全可以根据书上的尺寸把家具复制出来。

# 数学类

## 《孙子算经》

中国古典数学著作。原名《孙子算术》。《算经十书》之一。共 3 卷，作者不详，约成书于公元 400 年前后。

该书是一部供数学初学者的入门读物。《孙子算经·序》除阐述数学通神明、类万物的传统看法外，提出"夫算者，天地之经纬，群生之元首，五常之本末，阴阳之父母，星辰之建号，三光之表里，五行之准平，四时之终始，万物之祖宗，六艺之纲纪"，如此推崇数学在古典数学著作中是不多见的。卷上是一些必要的预备知识，如度量衡的进位制度，万万进的大数进法，金、玉等的比重表，算筹记数制度，乘、除运算的筹算方法，粟米互换法，九九乘法表及其得数的平方等。这种将预备知识列入卷首的体例影响了宋、元、明许多著作。卷中、下采取应用问题集的形式，有的题目与《九章算术》相同或是已经讨论过的类型。方程术使用与《九章算术》不同的

《孙子算经》九九乘法表及其得数的平方

《孙子算经》卷上

消元法，以避免出现负数。其开方术比《九章算术》有所改进。其"物不知数"问，是中国乃至世界数学著作中较早提出同余方程组解法问题。有的问题将乘数 40 化成乘 10 乘 4，开唐宋化多位乘法为个位乘法之先河。

## 《缉古算经》

中国古典数学著作，原名《缉古算术》，《算经十书》之一，一卷，初唐数学家王孝通撰并注于武德九年（626）前。

"缉"，续也。该书实际上是《九章算术》的续篇。凡 20 个问题可以分成 4 类内容：第一类就是第一问，是针对《皇极历》提出的历法问题。第二类包括第二至第六问及第八问，要计算某些复杂的立体的体积及其长、阔、高，或从已知的某一部分工程的体积及一些参数，求这一部分的长、阔、高；其问题的复杂程度超过以往算经。第三类包括第七问及第九至第十四问，都是关于仓房和地窖的问题。第四类是第十五问至第二十问，都是已知勾股形的勾、股、弦三者中二者的积或差，求勾、

《缉古算经》第一问

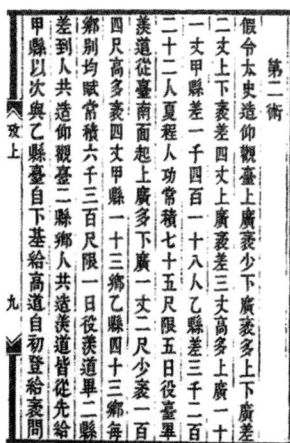

《缉古算经》第二问

股、弦，是现存汉魏南北朝算书中所没有的。这些问题大都归结为开带从立方，即求正系数三次方程的正根，有的归结为求解形如 $x^4+bx^2=c$ 的四次方程的正根，其中 $b$，$c$ 均为正数，通过两次开平方求解。其自注说明了方程系数的来源。《缀术》失传后，《缉古算经》成为中国数学史上首次论述三次、四次方程的著作。

## 《夏侯阳算经》

8 世纪初中国古典数学著作，原本成书于《张丘建算经》之前。

北宋元丰七年（1084）秘书省刊刻汉唐算经时，原本已失传，因 8 世纪一部唐代算书开头有"夏侯阳曰"遂被误认为是该书而刻入。现常作为《算经十书》附录。

传本中保存了原本个别章节和题目，如卷上命分诸法、筹制及乘除用筹法则、分数名目、五除名色，6 道"方仓"类题目，"言斛法不同"中有 3 道题目，卷下"说诸分"中有 2 道题目。其中论命分诸法中提出"五则倍而折之"，开筹算乘除捷算法之先河。而算筹记数法比《孙子算经》所记更加完整、准确。

就数学内容而言，该书值得重视之处是十进小数的使用和筹算乘除法的简化算法，多次通过"二因"或"折半，五因"将以丈、尺、寸等为单位的数量分别化为以端、匹为单位的十进小数。该书以分解乘数、分解除数、以加代乘、以减代除等方法将筹算乘除法的三层布算化为一层布算。唐中叶至北宋产生了许多阐发乘除捷算法的著作，多已失传，该书保存至今十分难得。

# 医学类

## 《黄帝内经》

中医学奠基之作，现存最早的中医理论经典著作。简称《内经》。共 18 卷，162 篇。由《素问》与《灵枢》（各 9 卷）组成。

《黄帝内经》之书名，最早见于刘向的《七略》和班固的《汉书·艺文志》。这是一部托名"黄帝"的著作，撰者已难以稽考。明代医学家吕复认为此书"观其意旨，殆非一时之言；及其撰述，亦非一人之手"，这个见解为后世医家广泛认可。关于该书的著述年代有几种说法，但多数学者认为，该书的基本内容写成于战国后期；迄于汉代，陆续有所补订。而《素问》所佚缺之《天元纪大论》《五常政大论》等 7 篇大论，系唐代王冰注释《黄帝内经·素问》时予以补入，补入后成为唐以后所见之全帙。

关于《内经》之书名，明代张景岳认为："内者，性命之道；经者，载道之书。平素所讲问，是谓《素问》。"对于《灵枢》的含义，他认为此书所论为"神灵之枢要"，显示其重要性。其他一些著作也有类似的释文。如明代吴昆说："五内阴阳，谓之内；万世宗法，谓之经。"明代马莳认为《素问》是黄帝与岐伯、鬼臾区等六臣"平素问答之书"。也有人认为《内经》书名别无深意，《汉书·艺文志》另有《外经》书名（书已佚），内与外只是区别相对而言。

《内经》论述丰富，范围很广，全面而突出地反映出当时医学内容已趋于系统、成熟。医药之外涉及的学科也很多，对天文、历法、物候、地理、气象等均有高水平论述，并能以朴素的唯物观和较为科学的逻辑思维阐析各类医学问题。

《素问》自"上古天真论""四气调神篇"至"解精微论"共81篇，《灵枢》（又名《灵枢经》）自"九针十二原""本输"至"痈疽"亦为81篇，内容大致包括摄生（养生防病）、阴阳、藏象（脏腑的生理、病理反映，并包括五脏六腑、奇恒之腑的功能）、经络（十二经、奇经八脉）、论治（包括治则和治法，治法有针、砭、灸、汤药、药酒、按摩、气功、温熨及贴药等）、药性理论、运气学说等。这些论述不仅奠定了中医学理论基础，对后世临床医学的发展也起到关键的作用。此书从总体上反映自战国到秦汉这一历史时期众多的医家所积累和总结的学术经验，反映了时代的医学水平。《内经》所贯穿的统一整体观、发展变化观和恒动观等具有朴素唯物论和辩证法观点的学术思想，构成了中医学的特色。

《内经》版本很多，现存最早为元刻本，另有宋刻、明刻互配本、明清刻本及日本刻本等。《素问》（王冰注本）有明嘉靖年间翻宋刻本、《四库丛刊》本等；《灵枢》有元刊本（残本）、明清刻本（以明赵府居敬堂刻本尤为著名）等。中华人民共和国成立后，《内经》之《素问》《灵枢》曾多次出版影印本和排印本；另有注本、语译本和校释本。

《素问》和《灵枢》的注本很多。《素问》首注本为隋代全元起的《内经训解》，可惜已散佚不存。唐代王冰吸取全氏注文结合自己心得，将《素问》予以次注，并补入有关运气论述为主的7篇大论，为现存最早的全注本。《灵枢》首注本为明代马莳所编的《灵枢注证发微》。现将历代医家从不同角度注释、研究《内经》较有成就及其著作（现存本者）简列于下：①校勘《内经》，主要有宋代林亿《新校正》，清代胡澍《素问校义》、俞樾《读书余录》、顾观光《素问校勘记》《灵枢校勘记》、沈祖绵《读素问臆断》、冯承熙《校余偶识》、江有诰《先秦韵读》等。②注释《内经》，有唐代王冰《黄帝内经素问》，明代吴昆《素问吴注》、马莳《素问注证发微》《灵枢注证发微》，清代张志聪《素问集注》《灵枢集注》、高世栻《素问直解》、张琦《素问释义》等。③分类研究《内经》，有隋唐杨上善《黄帝内经太素》（兼注释），元代滑寿《读素问钞》，明代张景岳《类经》（兼注释）、《类经图翼》《类经附翼》、李中梓《内经知要》，清代汪昂《素问灵枢类纂约注》、沈又彭《医经读》、黄元御《素问悬解》等。④专题发挥《内经》，有《难经》，晋代皇甫谧《针灸甲乙经》，宋代骆龙吉《内经拾遗方论》、刘温舒《素问入式运气论奥》，金代刘河间《宣明论方》《素问病机气宜保命集》等。

在中国医学发展的过程中，《黄帝内经》在学术理论方面起到无可争议的骨干作用，并有十分深广的国际影响。在古代，日本、朝鲜、越南等国均将《内经》作为主要的医学经典著作。日本最早的医事法令"大宝令"就将《素问》、《黄帝针经》（即《灵枢》）列入医学生必读书目。直到现在，日本还保存有1699年竹中通庵集注的《素问要谱》（9卷）、《灵枢要谱》（8卷）；1854年喜多村直宽所注《黄帝内经讲义》（12卷）、1806年丹波元简的《素问识》《灵枢识》及1846年丹波元坚的《素问绍识》等，均有较高的学术水平。朝鲜于1136年颁布医事制度，亦将《素问》《针经》列入必修书目。1291年，朝鲜曾派使者来华送还若干种古医书，其中就有《黄帝针经》《黄帝太素》等。越南黎有卓所撰《海上医宗心领全帙》，刊于1879～1885年，也是节录、注释《内经》的综合性医学著作。近现代欧美国家已有《内经》部分卷、篇之译作，并开始重视对此书的理论研究。

## 《伤寒论》

以论述伤寒热病为主的奠基性中医临床经典著作。东汉末年张仲景所撰《伤寒杂病论》的组成部分之一，共10卷。

张仲景原撰《伤寒杂病论》16卷，后经晋代王叔和整理，将其中有关伤寒证治等原文重予编纂，北宋治平二年（公元1065）又经校正医书局孙奇、林亿等加以校订，成为当时《伤寒论》的通行本，其内容大致包括辨伤寒太阳病、阳明病、少阳病、太阴病、少阴病、厥阴病脉证并治，以及平脉法、辨脉法、伤寒例（此三篇多数学者认为系王叔和编写，非张仲景所撰）、辨痉湿暍、辨霍乱病、辨阴阳易差后劳复病脉证并治等；还介绍了汗、吐、下等治法的应用范围及其禁忌。全书以辨六经病脉证和治疗为主体内容。作为临床医学典籍，《伤寒论》记述了113方（其中禹余粮丸单有六名，故实缺一方）。内容以六经辨证为纲、方剂辨证为法。代表性治疗方剂有桂枝汤、麻黄汤、白虎汤、承气汤、柴胡汤、理中丸、四逆汤、真武汤、乌梅丸等，并列述了各方的方药组成、用法及主治病证。

从《伤寒杂病论》序言中可知，作者张仲景因其宗族中大半死于伤寒，遂"勤求古训，博采众方"，在诊断上融会了四诊（望、闻、问、切）、八纲（阴、阳、表、里、虚、实、寒、热），对伤寒各证型、各阶段的辨脉、审证大法和用药规律以条文形式作了较全面的阐析。《伤寒论》运用精细的辨证思路和方法，并据较规范化的诊疗原则确立治法，这就是后世所说的辨证论治。这一先进的诊疗思想成为后世学者在诊疗过程中必须遵循的诊治原则，体现了中医学具有独特而完整的医疗体系。

在治法上，此书以内服方法为主。从方药治疗的药性分析，概括了汗、吐、下、和、温、清、补、消这八法，或单用、或数法结合应用、或分阶段论治，方治灵活而法度谨严。张仲景所博采或个人拟制的方剂，精于选药，讲究配伍，主治明确，效验卓著，后世尊之为"经方"，誉为"众方之祖"。这些方剂经过千百年临床验证，为中医方剂治疗提供了变化、发展的基础。

《伤寒论》虽是以伤寒证治为主，但书中所贯穿的辨证论治精神以及方治中的六经大法，于各科临床均有指导意义。鉴于《伤寒论》是临床医学的奠基性名著，自刊行后流传极广，具有广泛的影响。自宋代以后，历代注释或从不同角度研究《伤寒论》的著作多不胜数（600种左右）。古代著名注本如：金代成无己《注解伤寒论》（也是最早的注本），明代方有执《伤寒论条辨》、张遂辰《张卿子伤寒论》，清代喻嘉言《尚论篇》、柯韵伯《伤寒论注》、汪琥《伤寒论辨证广注》、张志聪《伤寒论集注》、张锡驹《伤寒论直解》、周扬俊《伤寒论三注》、钱潢《伤寒溯源集》、魏荔彤《伤寒论本义》、尤在泾《伤寒贯珠集》、吴谦等《订正伤寒论注》、黄元御《伤寒悬解》、陈修园《伤寒论浅注》

等。研究性著作如：宋代韩祗和《伤寒微旨论》、庞安时《伤寒总病论》、朱肱《伤寒类证活人书》、许叔微《许叔微伤寒论著三种》、郭雍《伤寒补亡论》，金代成无己《伤寒明理论》、刘河间《伤寒直格》，明代陶华《伤寒六书》、戈维城《伤寒补天石》、许宏《金镜内台方议》，清代柯韵伯《伤寒论翼》、秦之桢《伤寒大白》、徐大椿《伤寒类方》、陈修园《伤寒医诀串解》《长沙方歌括》等。有关《伤寒论》的现代注译本，有不下数十种之多。如曹颖甫《伤寒发微》、陆渊雷《伤寒论今释》、余无言《伤寒论新义》、南京中医学院《伤寒论译释》、中医研究院《伤寒论语译》、刘渡舟等《伤寒挈要》等。此外还有很多国外译本和研究性著作，较著名的如日本山田正珍《伤寒论集成》、丹波元简《伤寒论辑义》、丹波元坚《伤寒论述义》等。

《伤寒论》刊本很多，中国现存有影印本、明代赵开美校刻本及多种日刻本，1949 年后多次出版影印本、排印本。

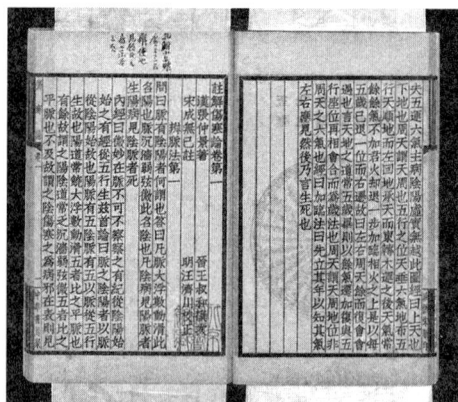

《伤寒论》卷端

## 《神农本草经》

现存最早的中药经典著作。又称《神农本草》，简称《本草经》《本经》。

本书撰者托名神农（中国远古传说中尝百草鉴定药物的人物），最先著录于梁代阮孝绪的《七录》。成书年代有先秦、两汉、南北朝等说

法。现一般认为其主体约形成于西汉，又经东汉医药学家修润增补。南

朝梁代陶弘景曾予整理。原
书在唐初已散失，现存者多
为明末以后辑佚本。佚文主
要来自《证类本草》等药书，
少量辑自《太平御览》等非
医药书。

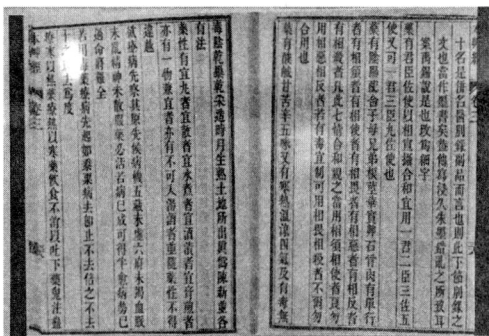

《神农本草经》

　　全书分 3（或 4）卷，载
药 365 种（植物药 252 种、动物药 67 种、矿物药 46 种）。序录或成 1 卷，
即总论，归纳为 13 条药学理论原则。先将药物分为三类，上品 120 种
为君，无毒，主养命，可久服；中品 120 种为臣，主养性，无毒或有毒，
多为补养兼有攻治疾病之效；下品 125 种为佐使，多有毒，不可久服，
多为除寒热、破积聚的药物，主治病。又论述药物"君、臣、佐、使"
的配伍原则、七情、四气五味、采收、调剂、用法等。文字简练古朴，
成为中药理论的精髓。各论 3 卷，按上、中、下品分别记述药物名称、
性味、有毒无毒、功效主治、别名、生长环境或产地等。其中上品如人
参、阿胶、雄黄；中品如鹿茸、红花、石膏；下品如附子、大黄。书中
有 200 多味药至今仍然常用。

　　《神农本草经》是中国早期临床用药经验的第一次大总结，被奉为
中药学经典，但因受当时道教思想影响，书中还收入了服石、炼丹、修
仙等内容。该书将药物分为上、中、下三品，每品中又将矿物药置于前
列，认为雄黄、水银等剧毒药为上品，可以久服并保"不老延年"。另

外，书中对药物具体产地、采收时月、炮制方法、品种鉴定等很少涉及。

《神农本草经》对后世本草学影响很大，《名医别录》《本草经集注》等即以此为基础发展而成。将药物以上、中、下三品来分类，虽然在《本草经集注》中已退居次要地位，但在明代以前许多重要本草著作中，仍可常见。

《神农本草经》今有辑本 14 种，常用且较好者如清代孙星衍、孙冯翼合辑的《神农本草经》3 卷和清代顾观光同名辑本 4 卷，以及现代尚志钧的《神农本草经校注》等。

## 《本草纲目》

中国古代药学史上部头最大、内容最丰富的药学巨著。明代李时珍撰成于万历六年（1578）。52 卷，收药达 1892 种，方剂万余首，约 190 万字，以《证类本草》为资料主体增删考订而成。

《证类本草》问世以后的 500 余年间，积累了大量用药经验，产生了许多药学著作，需要加以汇集总结。《证类本草》粗略的分类系统和时代分层式的编写体例已难以适应归类、检索众多药物的需要。《本草纲目》出色地解决了以上问题。李时珍充分汲取了历代本草的编纂经验，在保留标注引文出处等优良传统的基础上，对古本草旧分类法进行变革，即采用了"不分三品，惟逐各部；物以类从，目随纲举"的多级分类法。全书药物以十六部为纲、六十类为目。各部又按"从微至巨""从贱至贵"为序进行排列。每一药物以正名为纲，附品为目，"标名为纲，列事为目"，形成该书独特的纲目体系。这一体例不仅方便检索，而且创新性地建立了较先进的药物分类系统。

受陈藏器《本草拾遗》的影响，李时珍确定了该书收载药物"不厌详悉""虽冷僻不可遗"的原则。因此李时珍从 800 余种文献中广泛搜集药物资料，补充药品 374 种，极大地丰富了中药学内容，完成了明代药物集大成的历史任务。与《证类本草》不同，《本草纲目》并不局限于汇集资料，特别注重反映作者个人的新见解，尤其是在药物品种考订方面成果累累。受儒家格物穷理及金元时期张元素、李东垣医学思想的影响，该书在药学理论系统归纳和探讨方面也颇有建树。

该书所载药品众多，取材广博，其中也包含了相当丰富的自然科学（动物学、植物学、矿物学、化学等）知识。据考，英国生物学家达尔文在讨论鸡的变异、金鱼的育种家化时均引用了《本草纲目》的资料，并称它为"古代中国的百科全书"。

《本草纲目》约初刊于万历二十一年（1593，金陵胡承龙刻本），成为明末以后许多药学著作的资料源泉，产生了近百种后续性本草学著作，如《本草纲目拾遗》《本草原始》等。该书至今已翻印 80 余次，并东传日本，对日本的药学、植物学发展起了很大的推动作用。人民卫生出版社在 1977 ～ 1981 年出版了刘衡如校点本，是较为精确的排印本。近有金陵本刊行。《本草纲目》还有英、德、俄、法等多种语言文字的节译本与英文全译本刊行。

# 本书编著者名单

**编著者**（按姓氏笔画排列）

| | | | |
|---|---|---|---|
| 马振铎 | 王 博 | 王兆鹏 | 申慧青 |
| 田立刚 | 吕之望 | 刘 岳 | 刘乃和 |
| 刘文峰 | 刘世德 | 刘庭风 | 刘勇强 |
| 刘馨秋 | 孙尚勇 | 李 文 | 李 曦 |
| 李昌宪 | 李晓雪 | 李锦全 | 杨 帆 |
| 杨直民 | 吴树平 | 吴晓铃 | 余瀛鳌 |
| 张大新 | 张少助 | 张永山 | 张泽咸 |
| 张道贵 | 陈文新 | 陈立胜 | 陈光崇 |
| 陈耀东 | 罗世烈 | 周晓薇 | 周清澍 |
| 郑 开 | 郑连第 | 郑金生 | 赵沛霖 |
| 赵奉蓉 | 赵宗诚 | 费振刚 | 袁行霈 |
| 钱仲联 | 翁独健 | 郭书春 | 郭令原 |
| 陶广正 | 黄彦震 | 阎步克 | 彭世奖 |
| 惠富平 | 傅熹年 | 赖区平 | 鲍 昌 |
| 鲍 晶 | 缪文远 | 缪启愉 | |